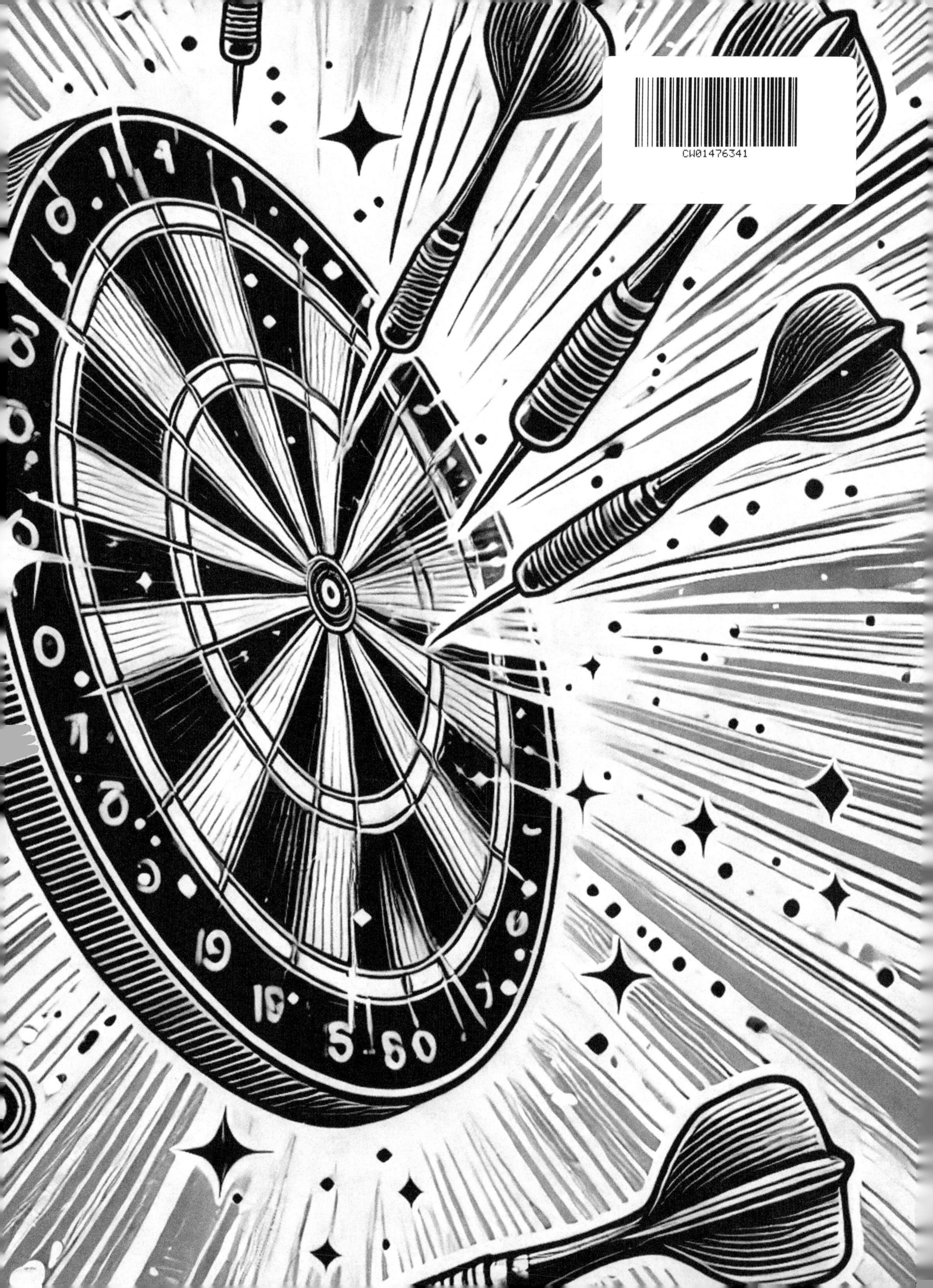

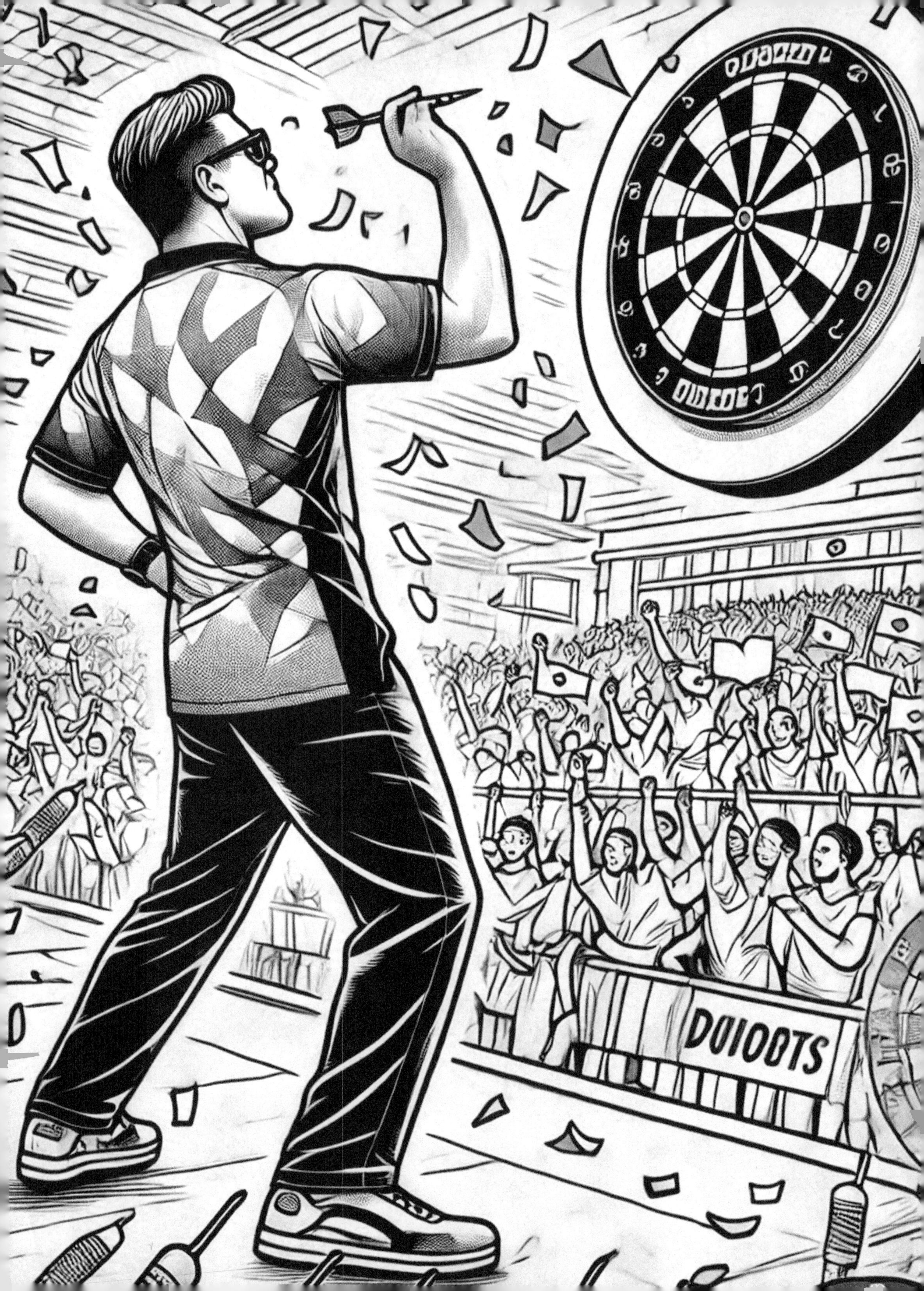
DUIOBTS

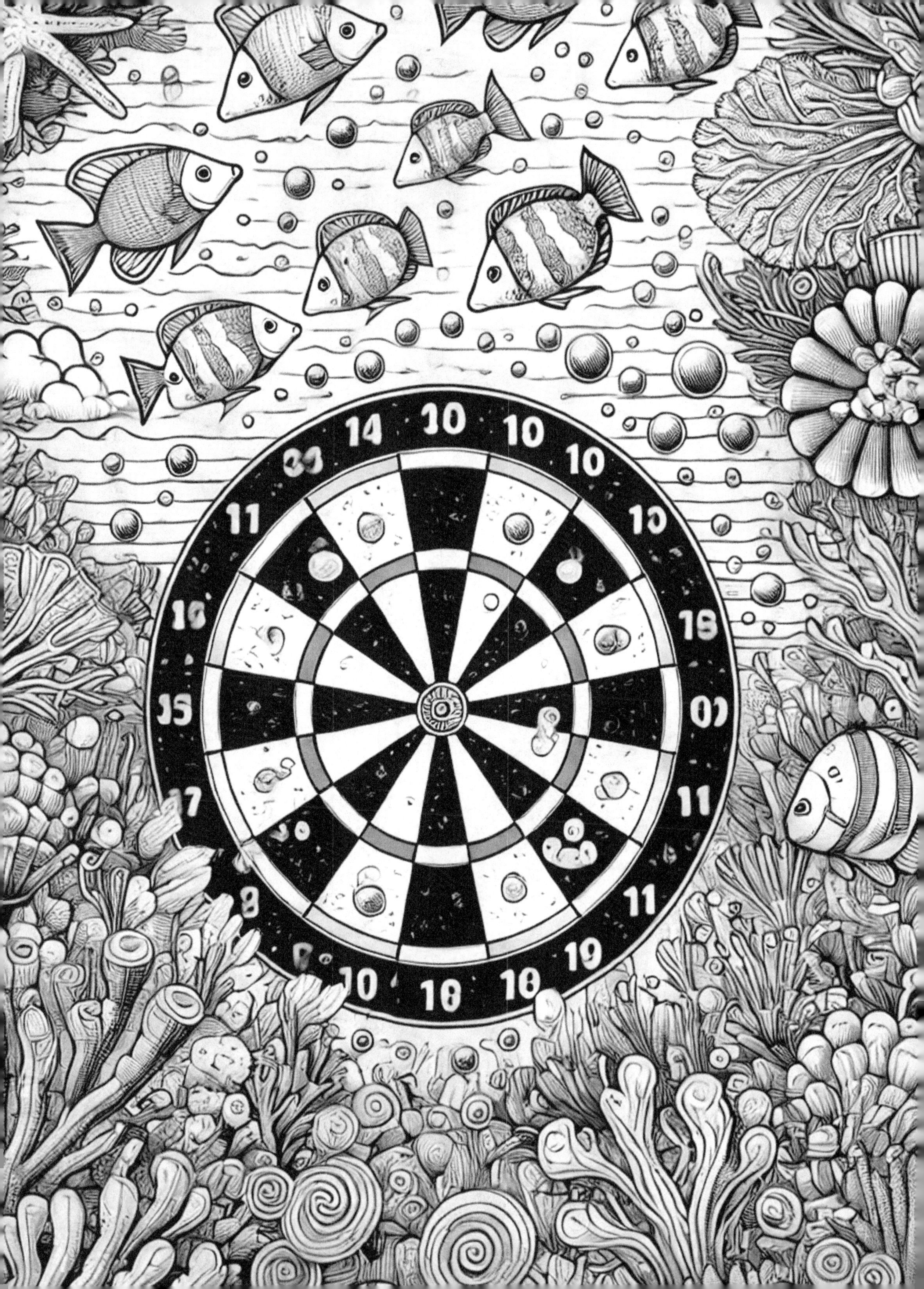
14
10
10
10
11
10
18
18
11
17
8
11
10
18
18
19

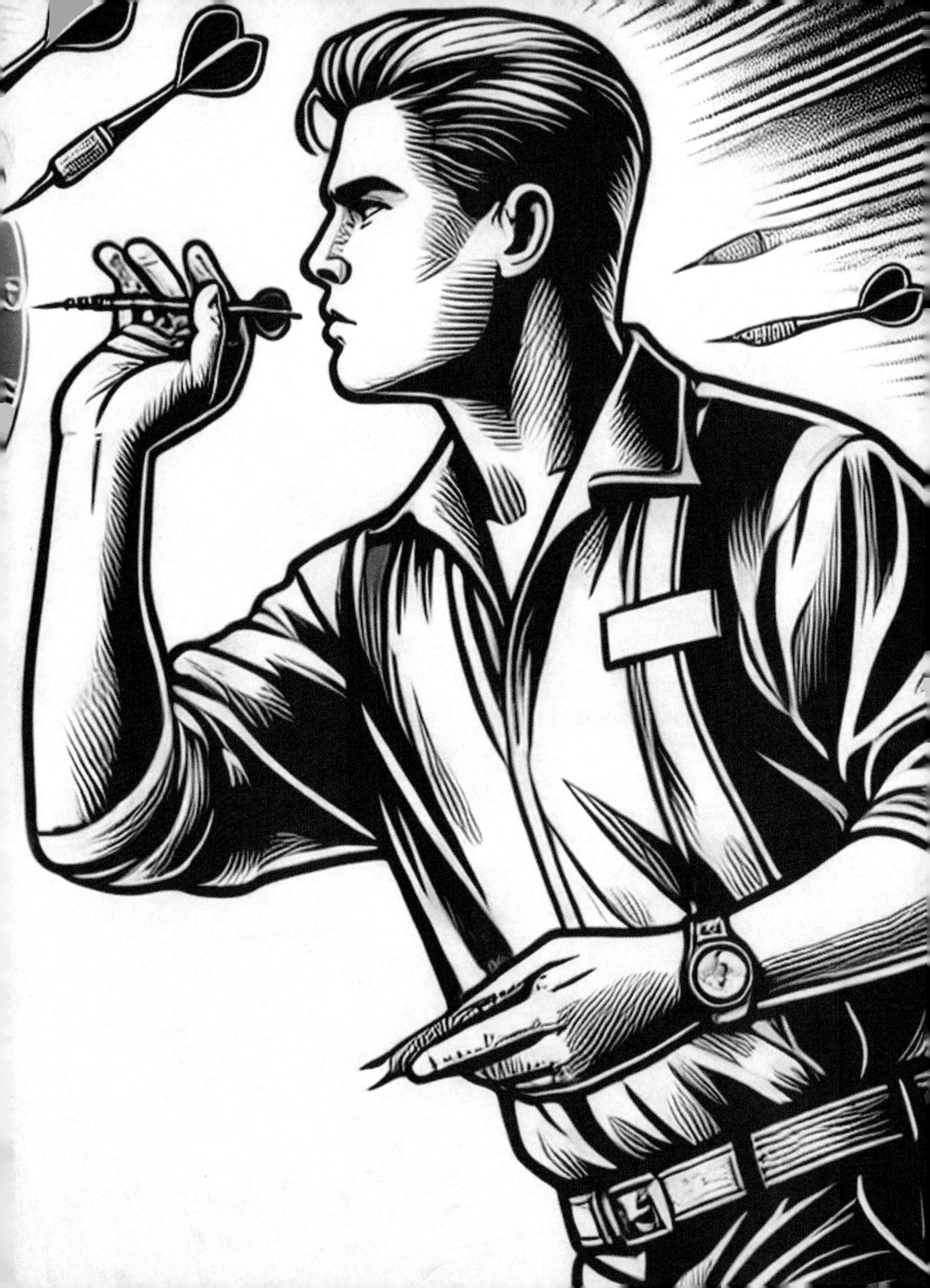

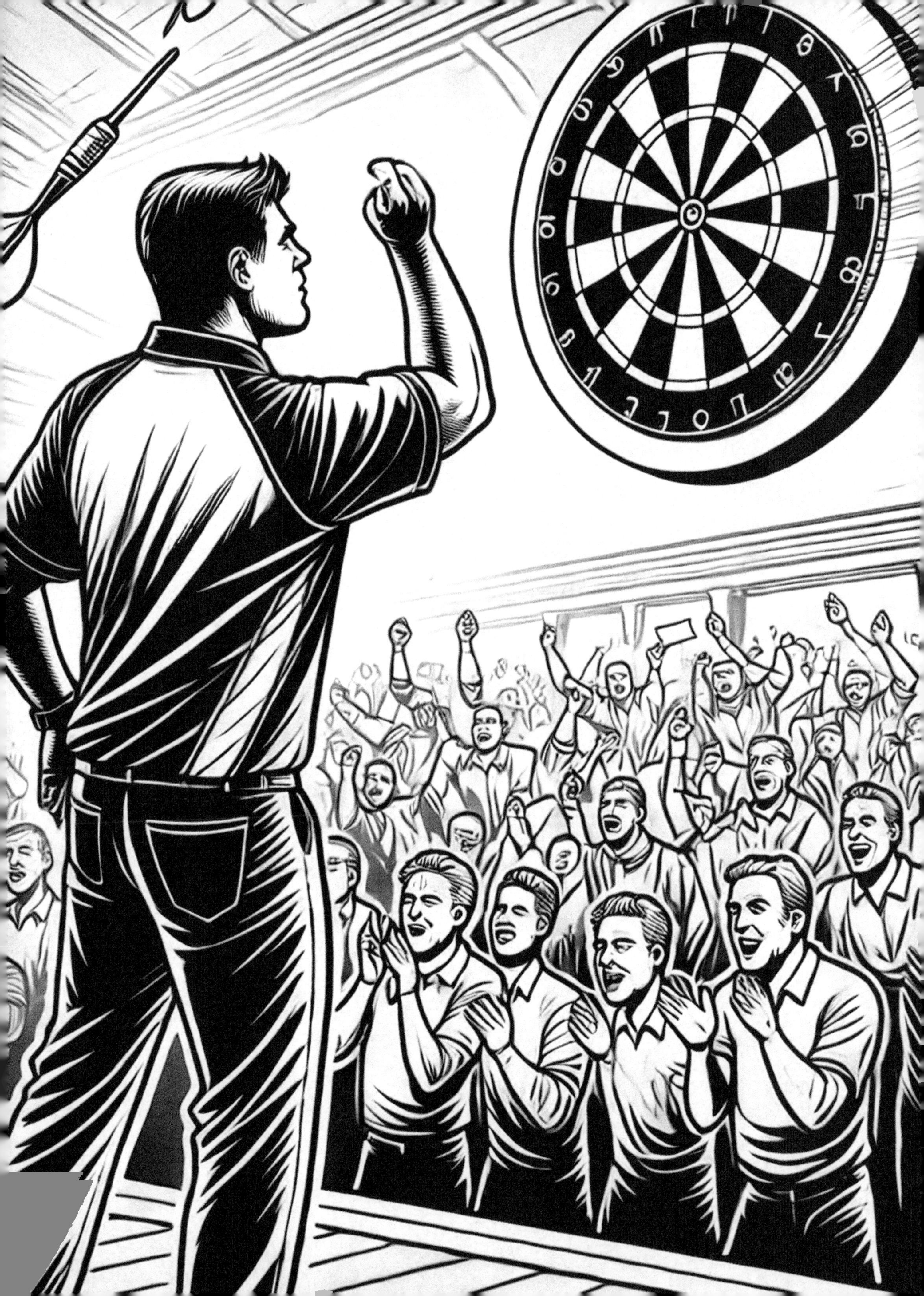

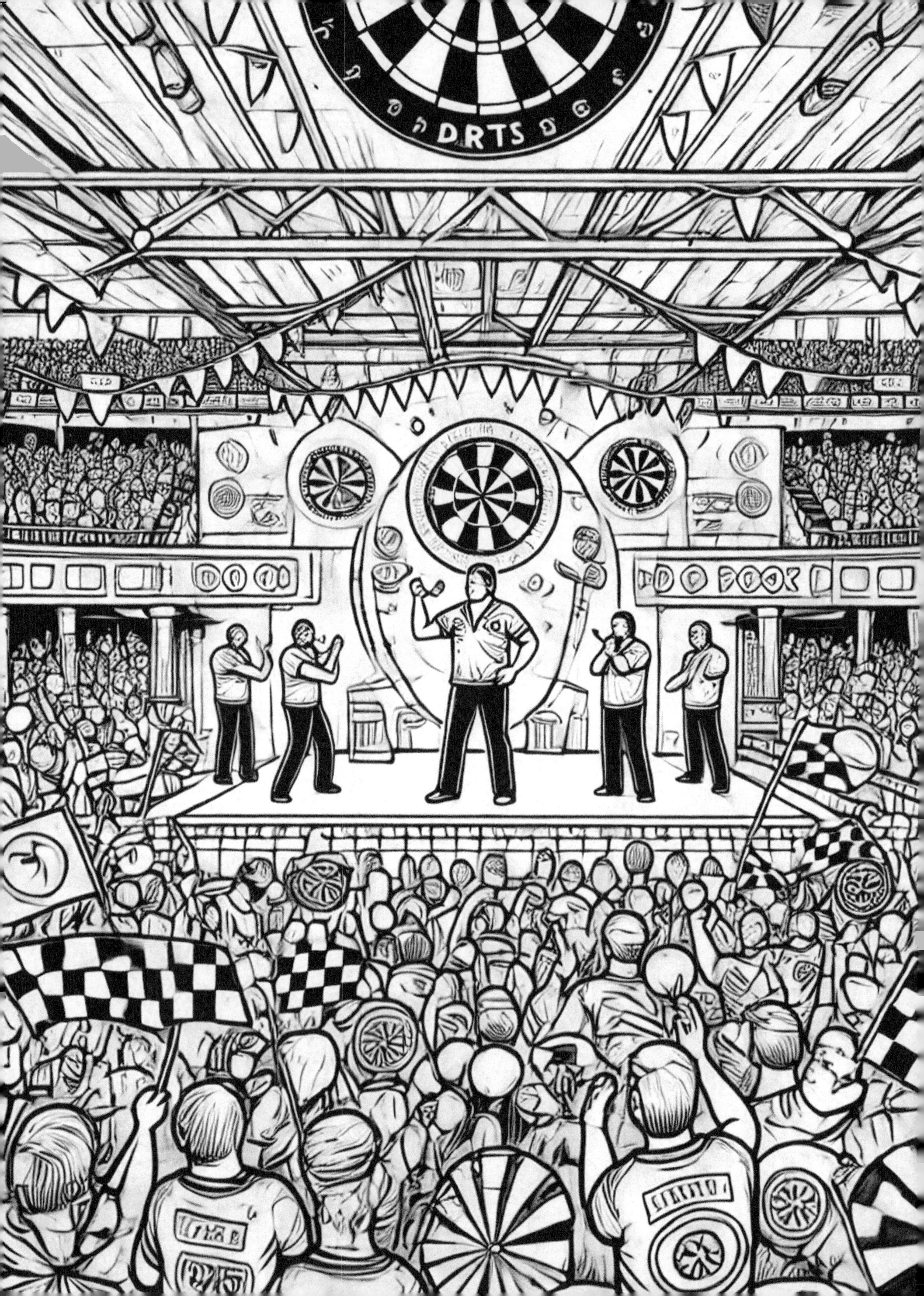
DRTS

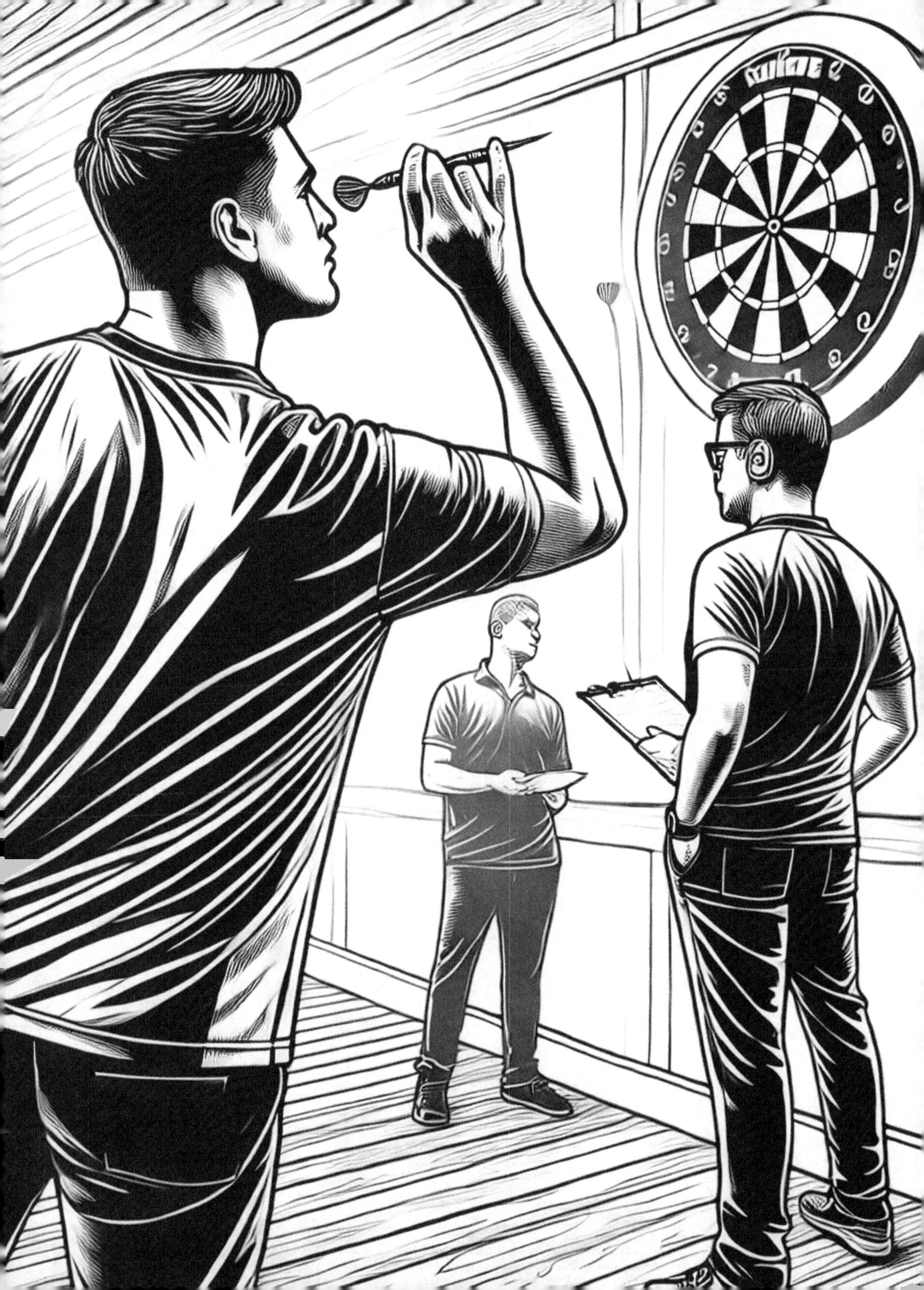

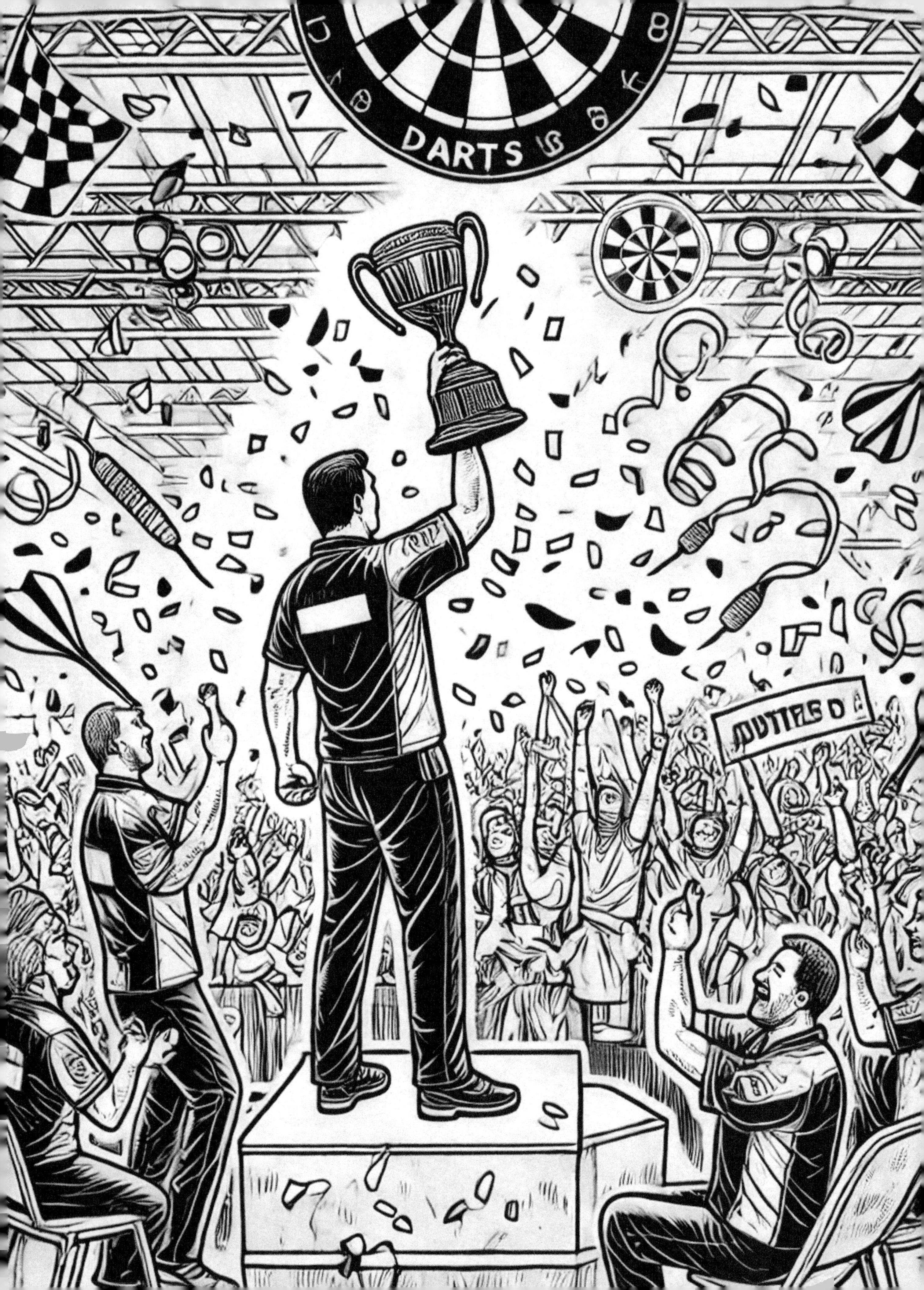
DARTS

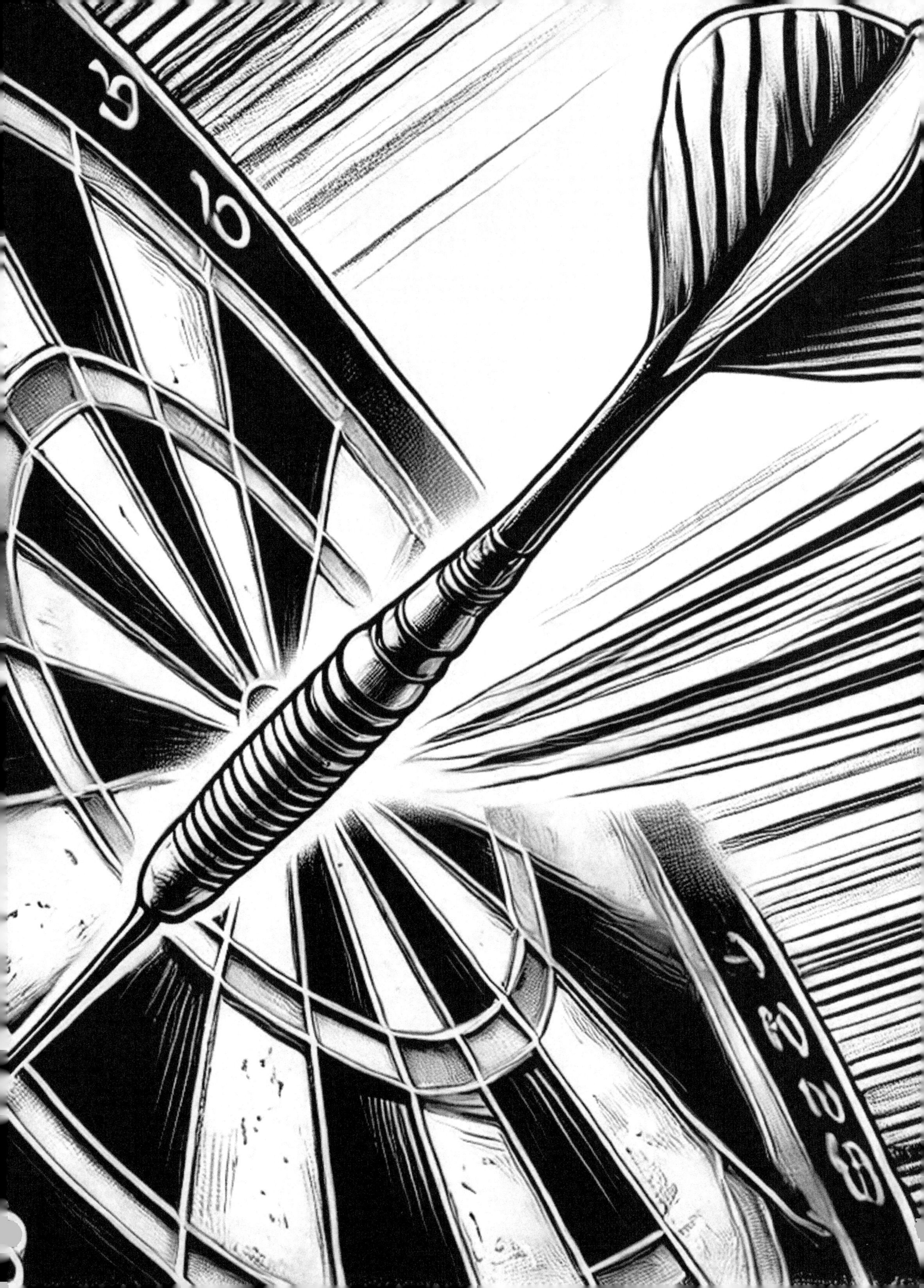

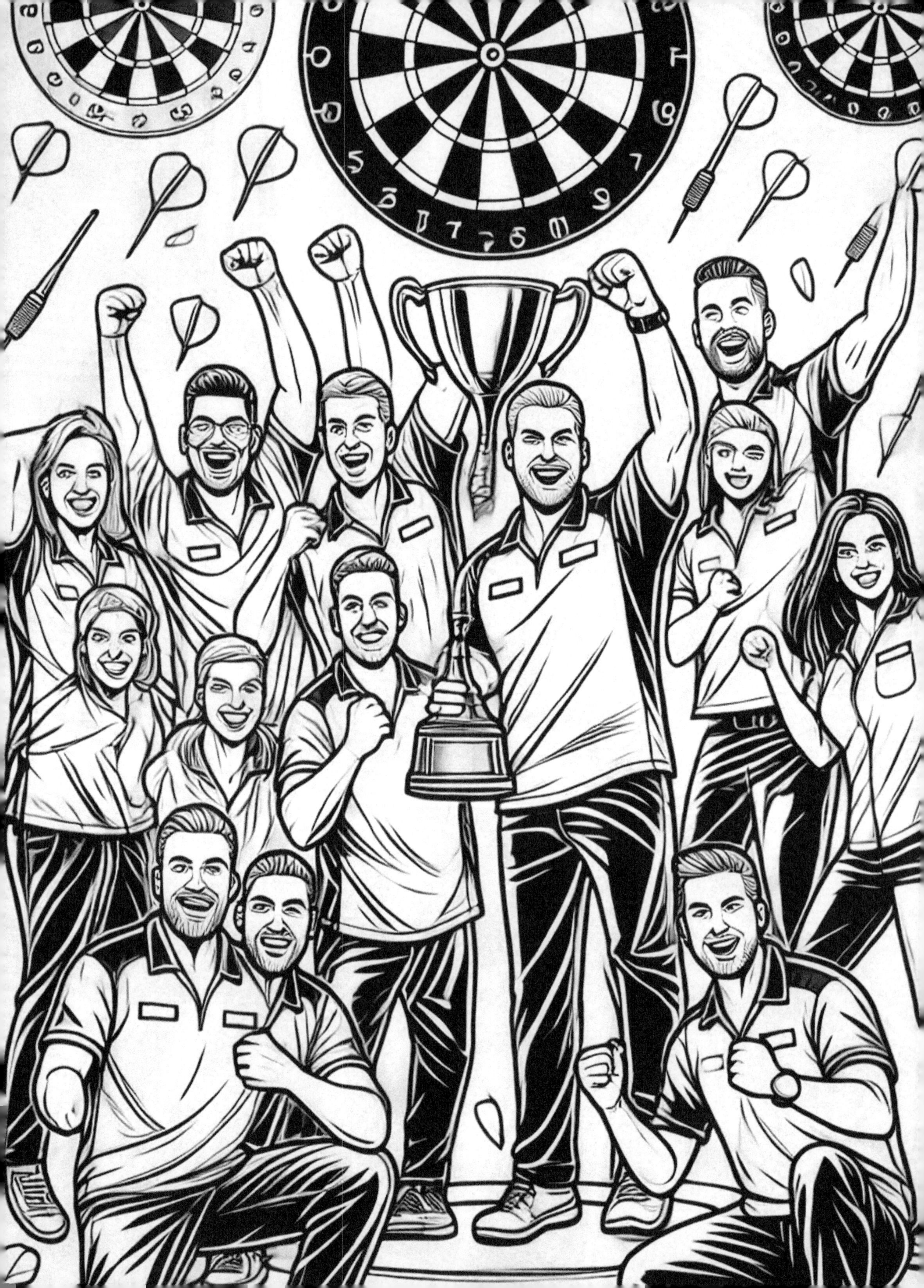

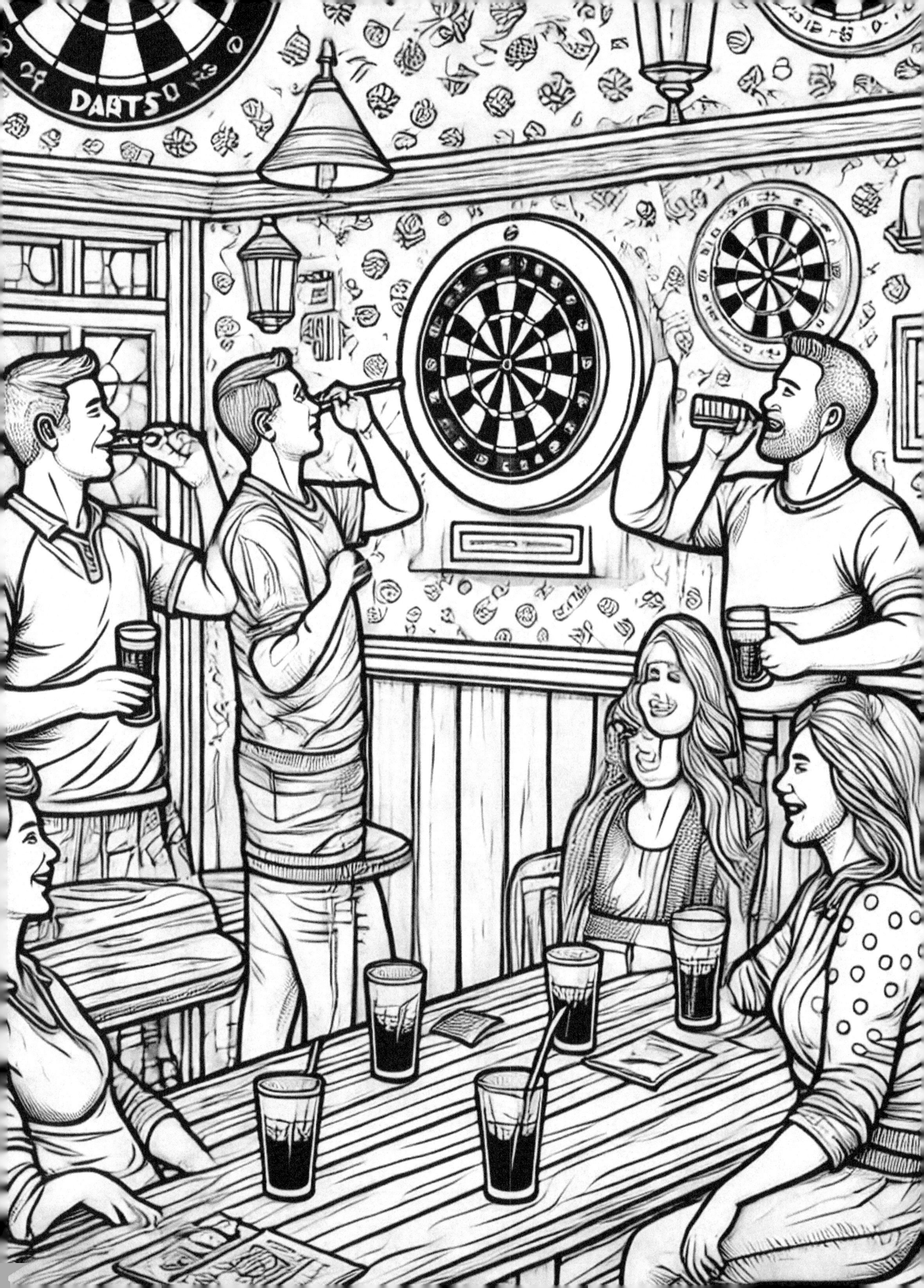

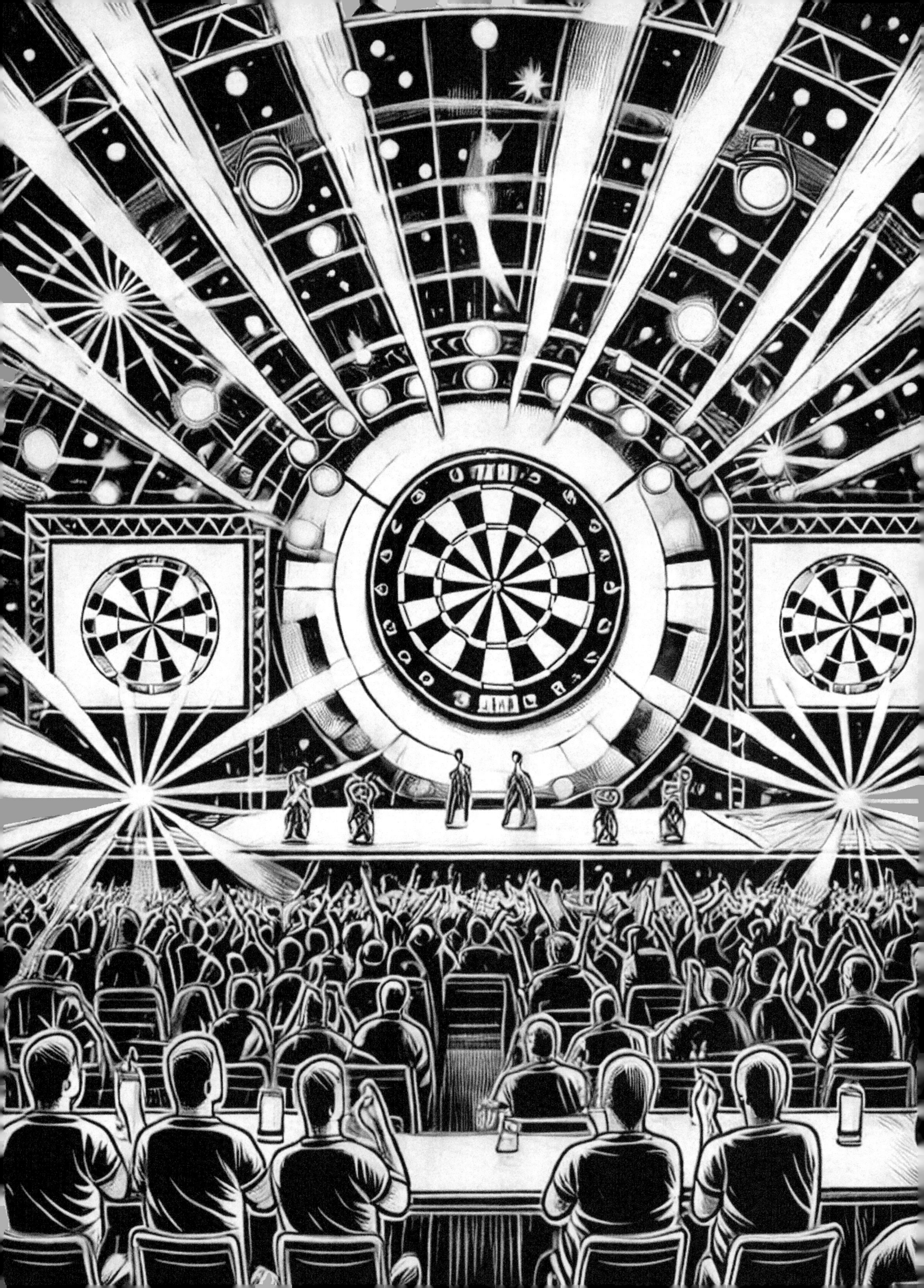

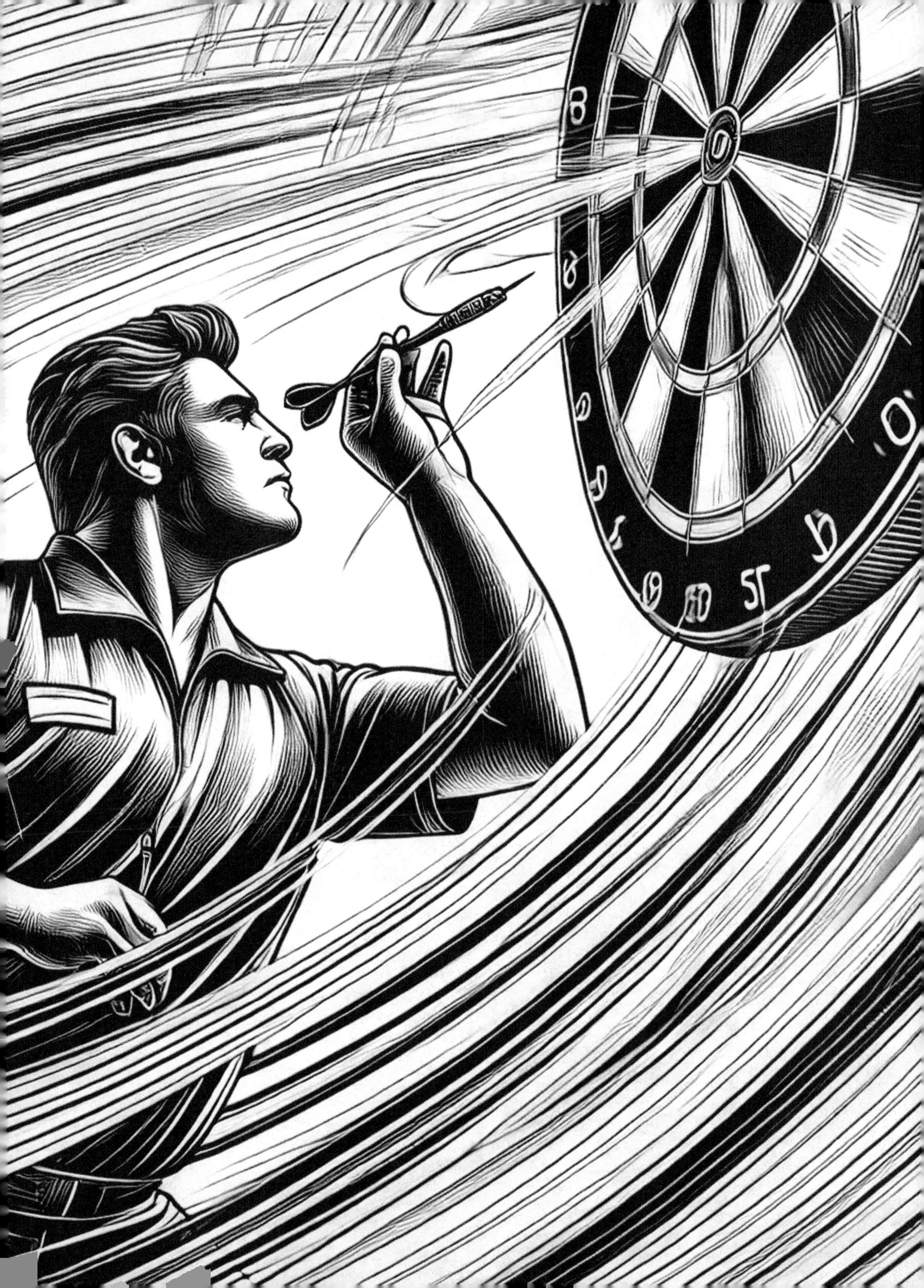

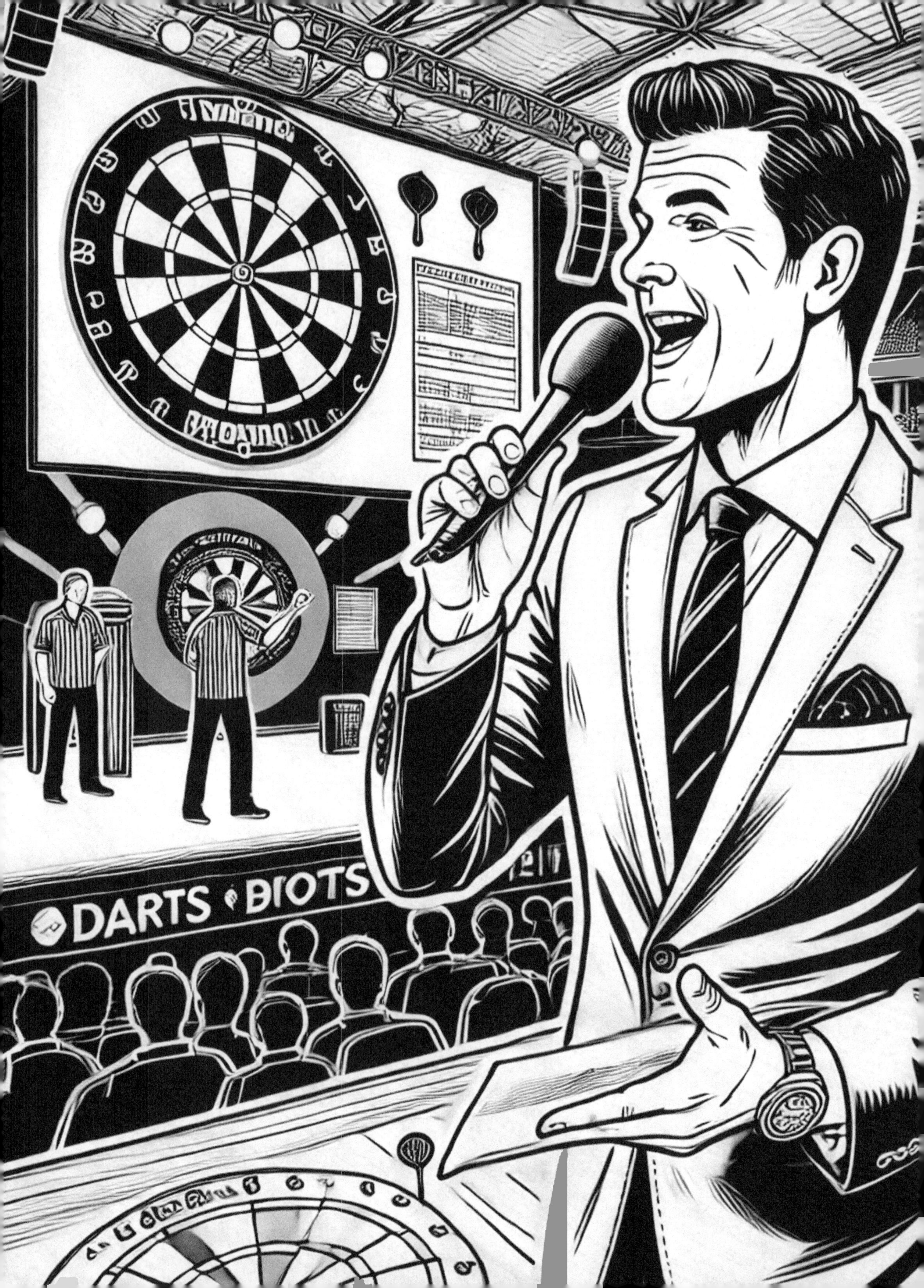
DARTS
BIOTS

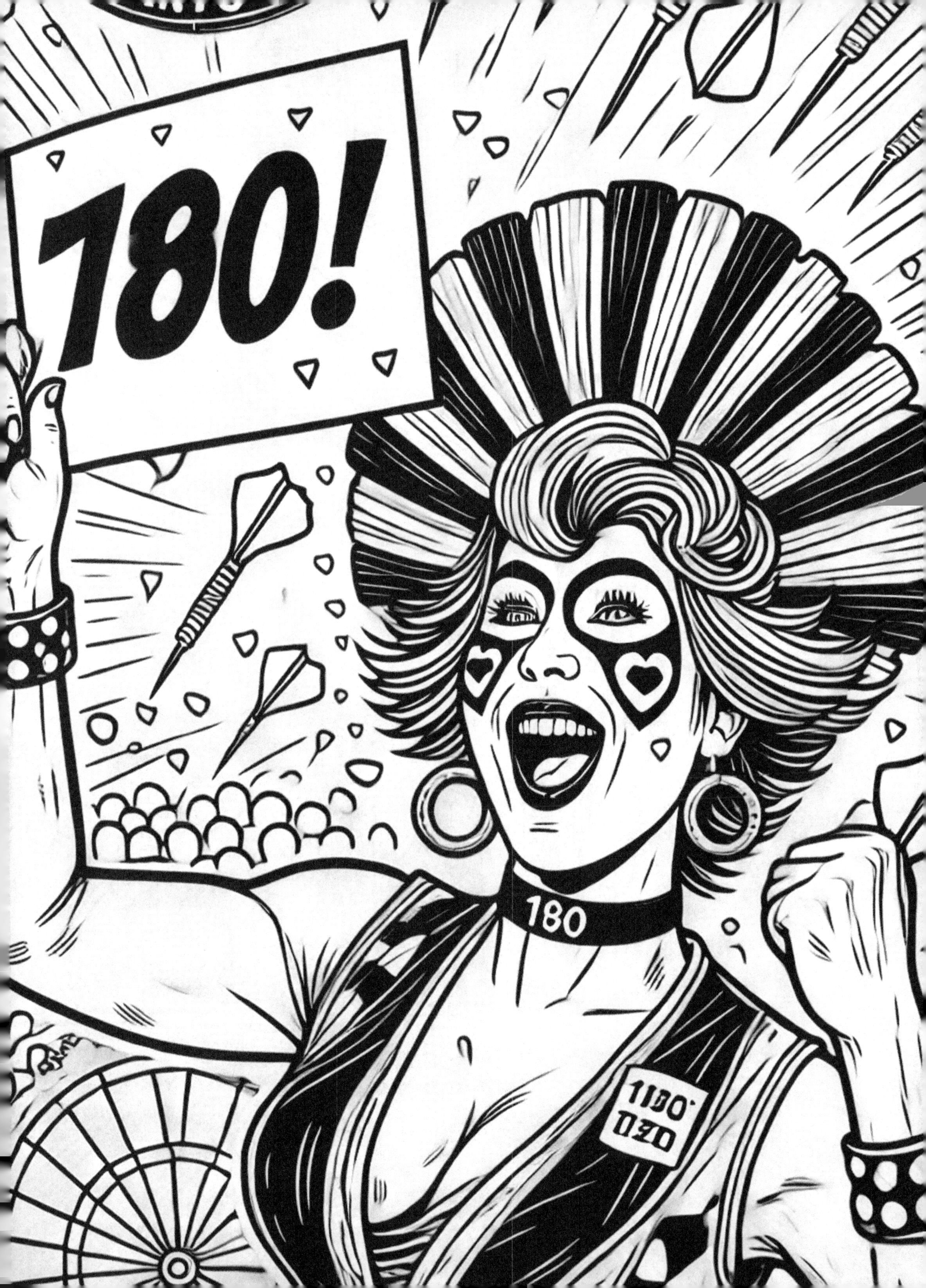
180!
180

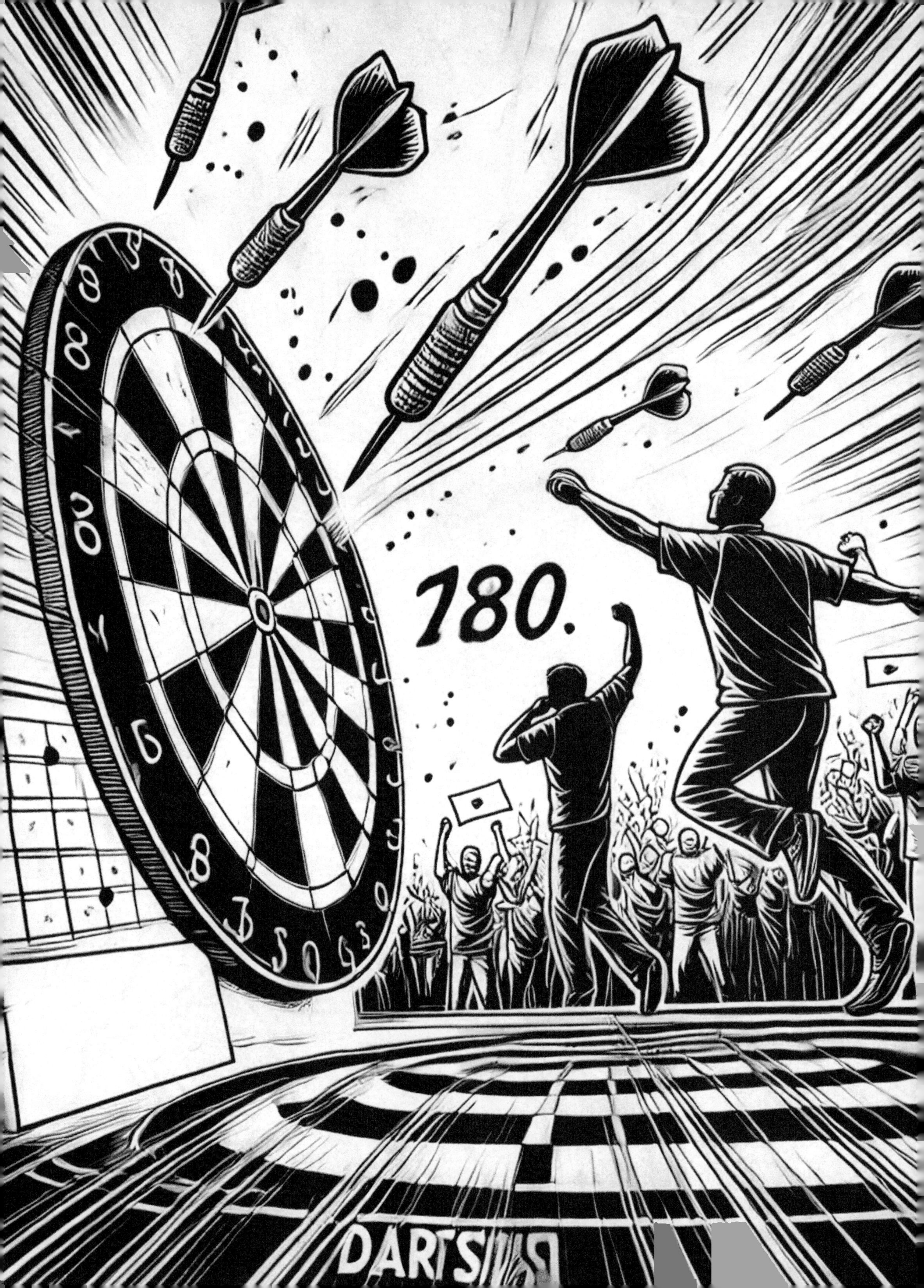
180.
DARTS

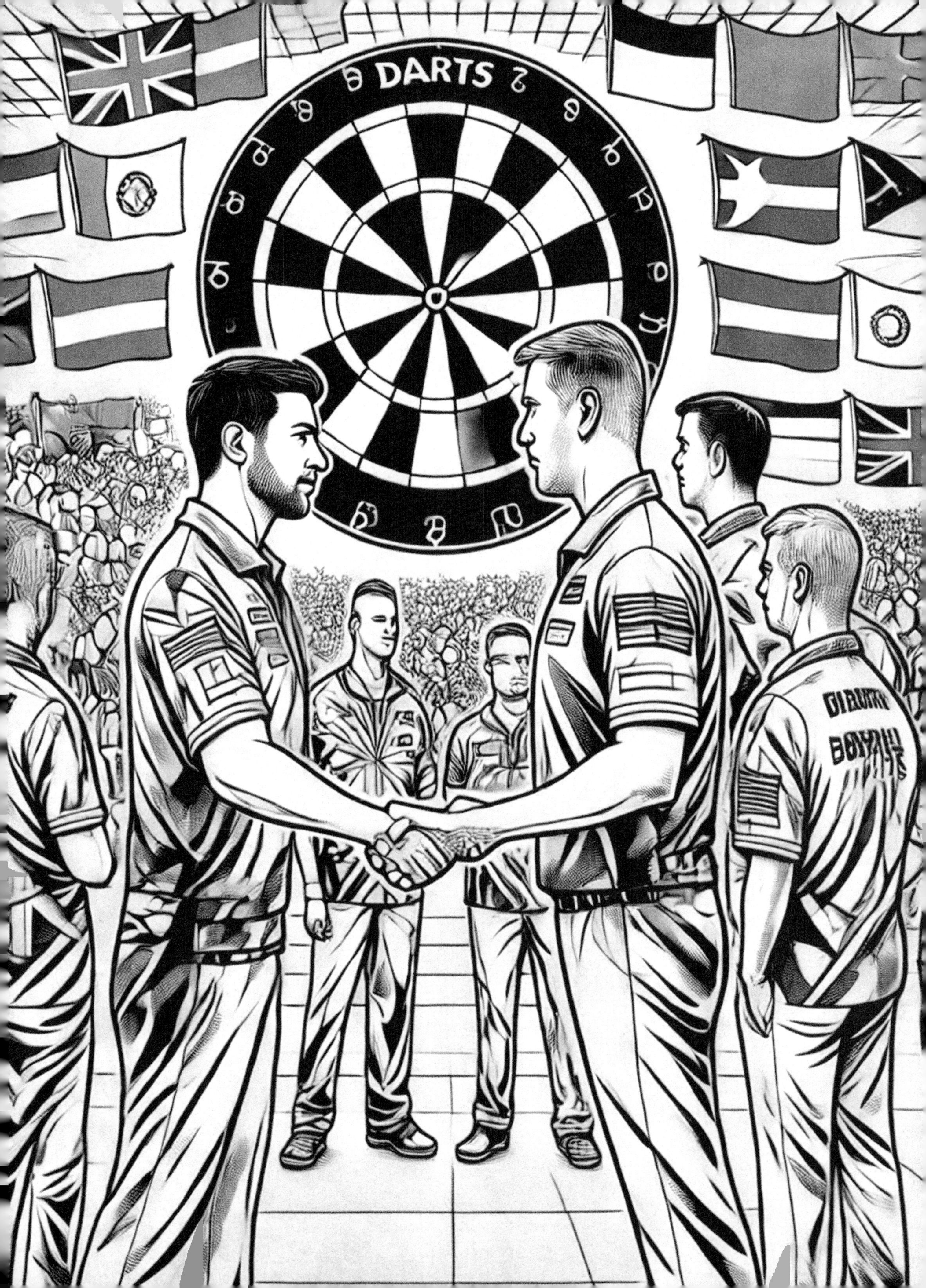
DARTS

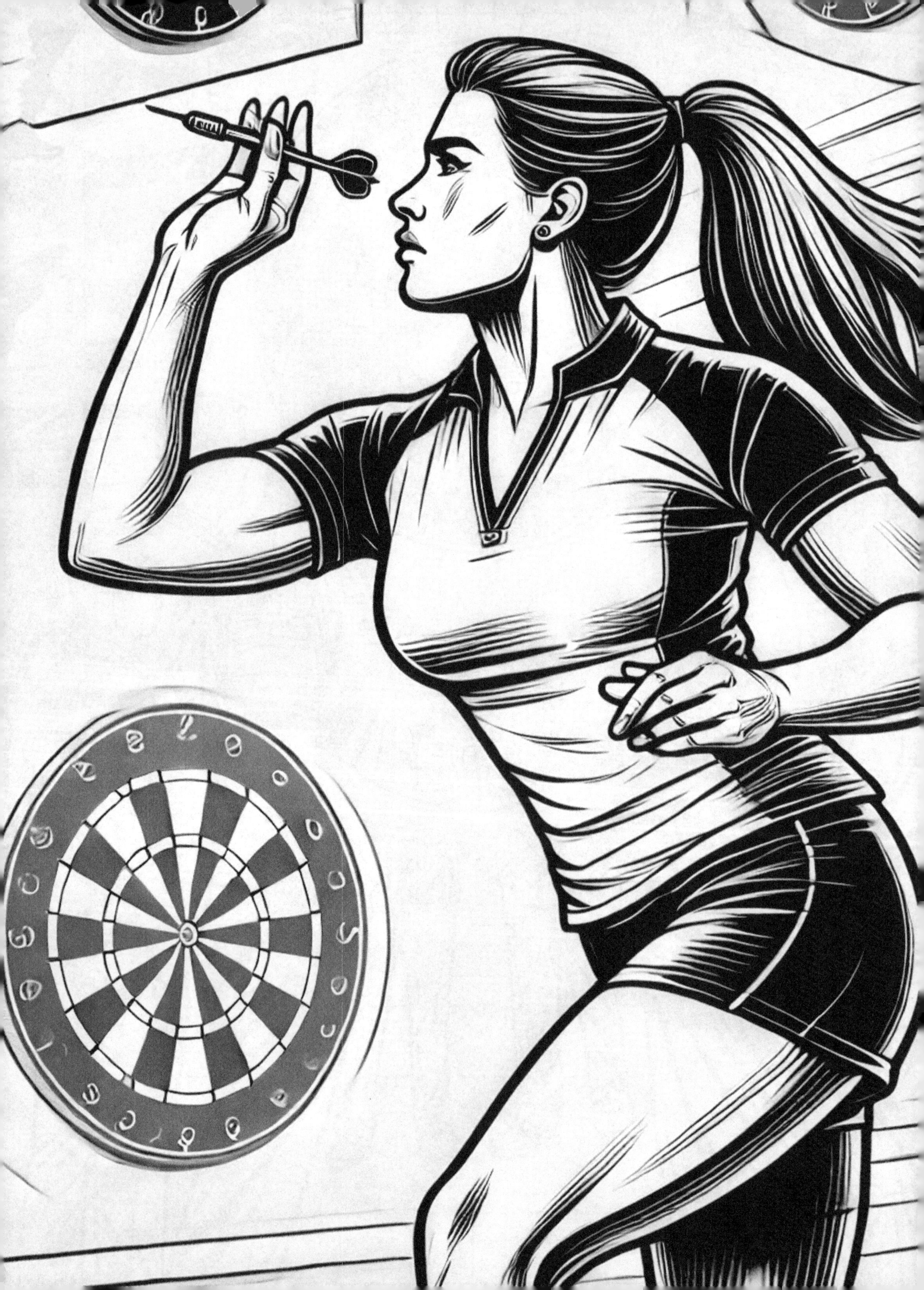

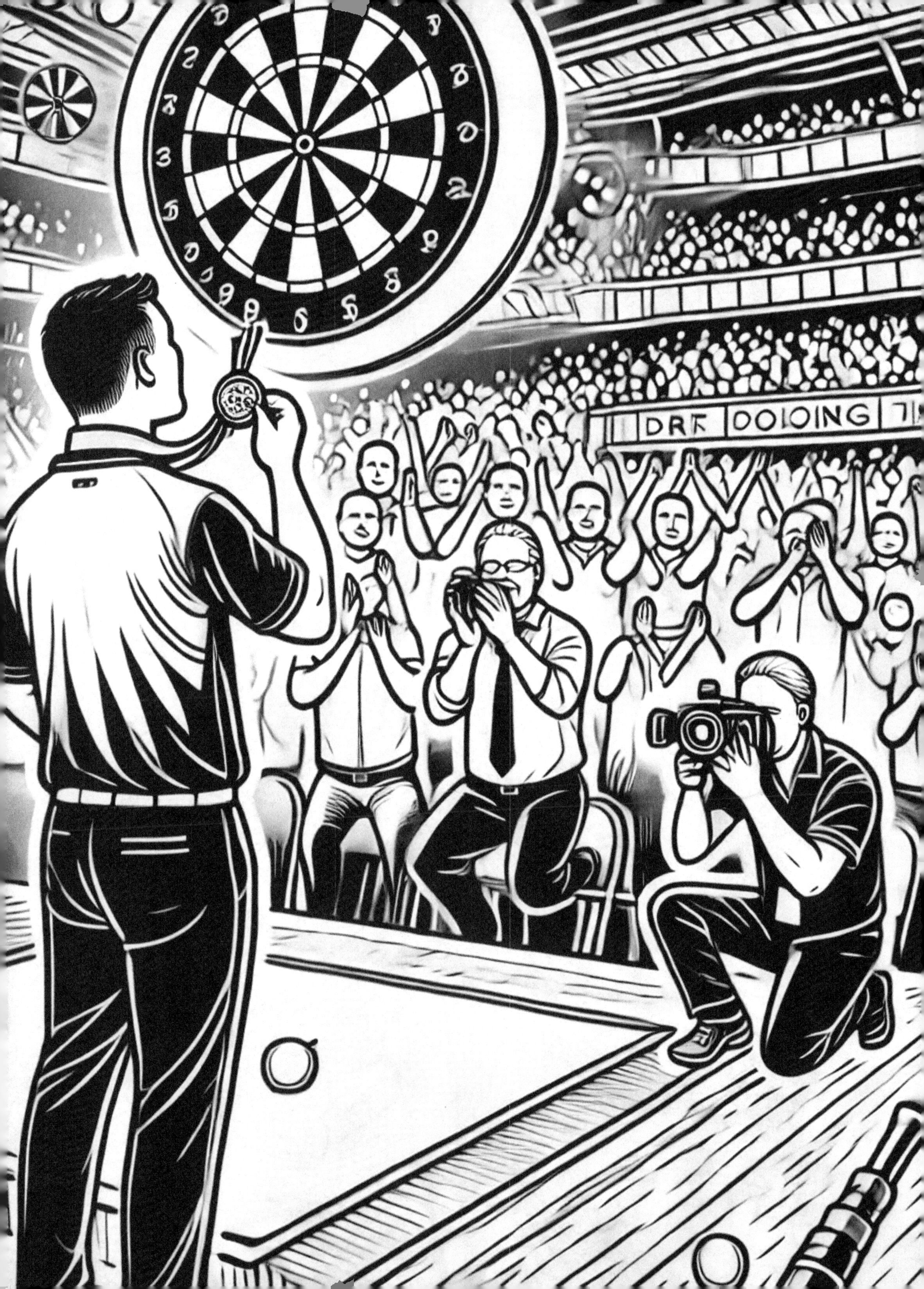

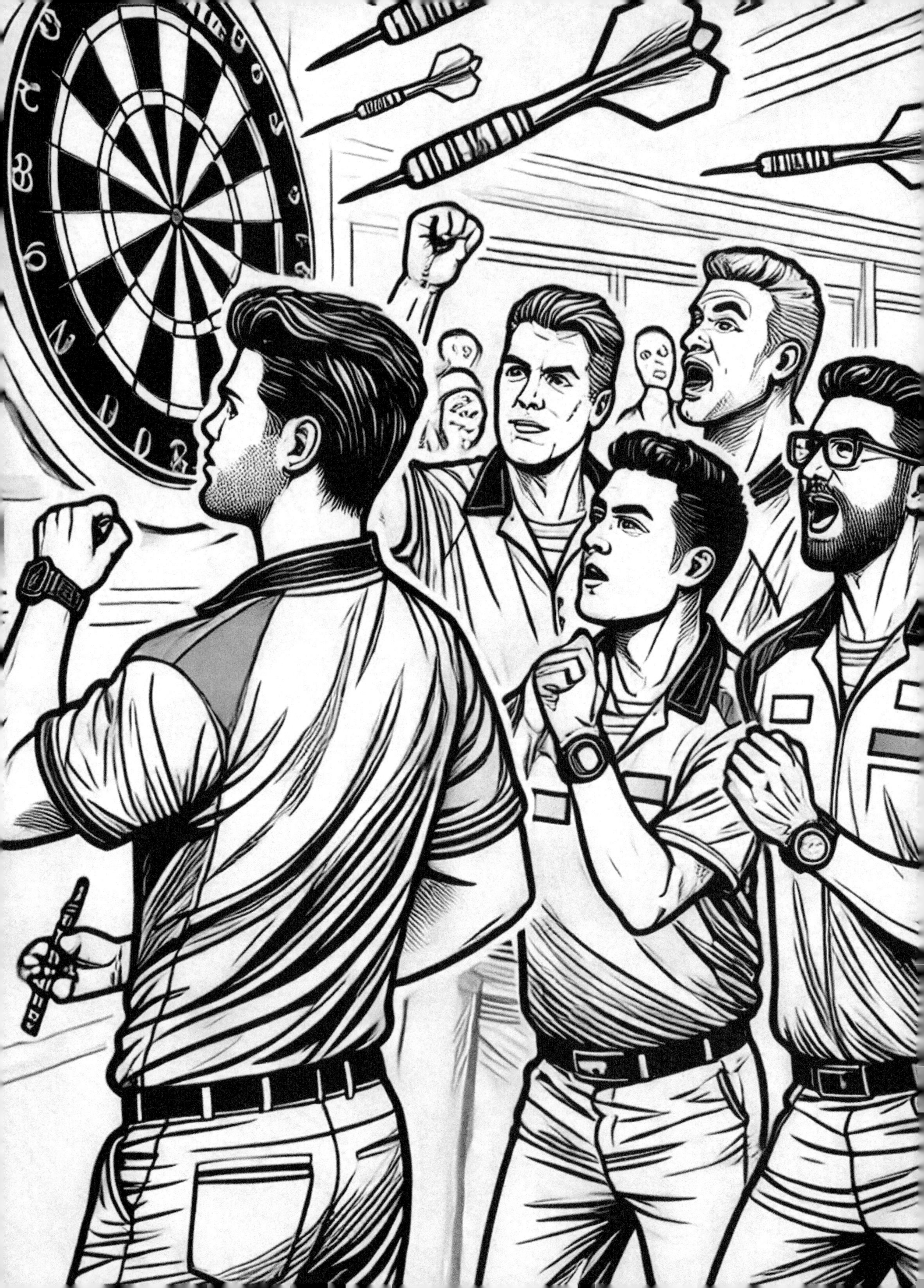

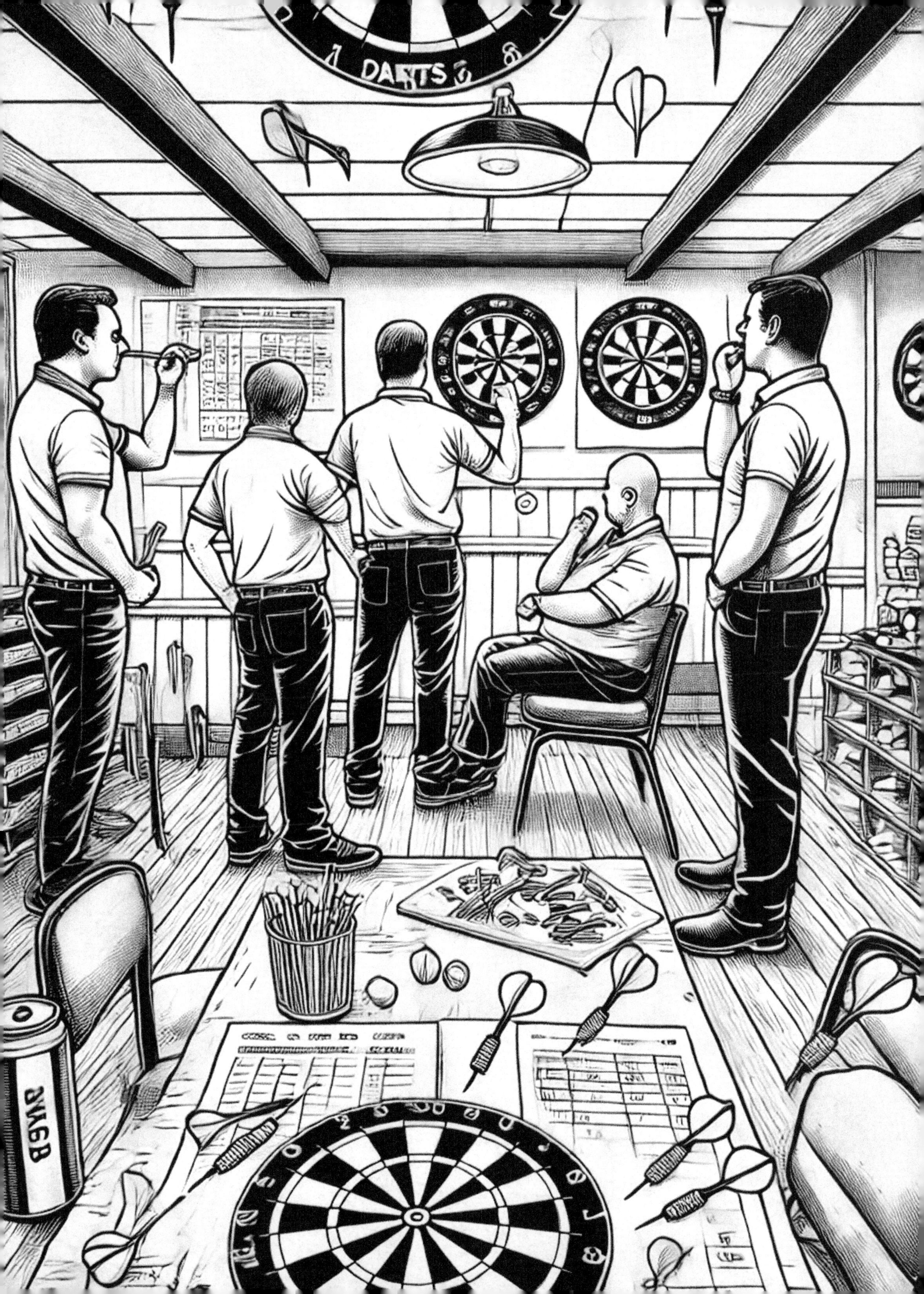

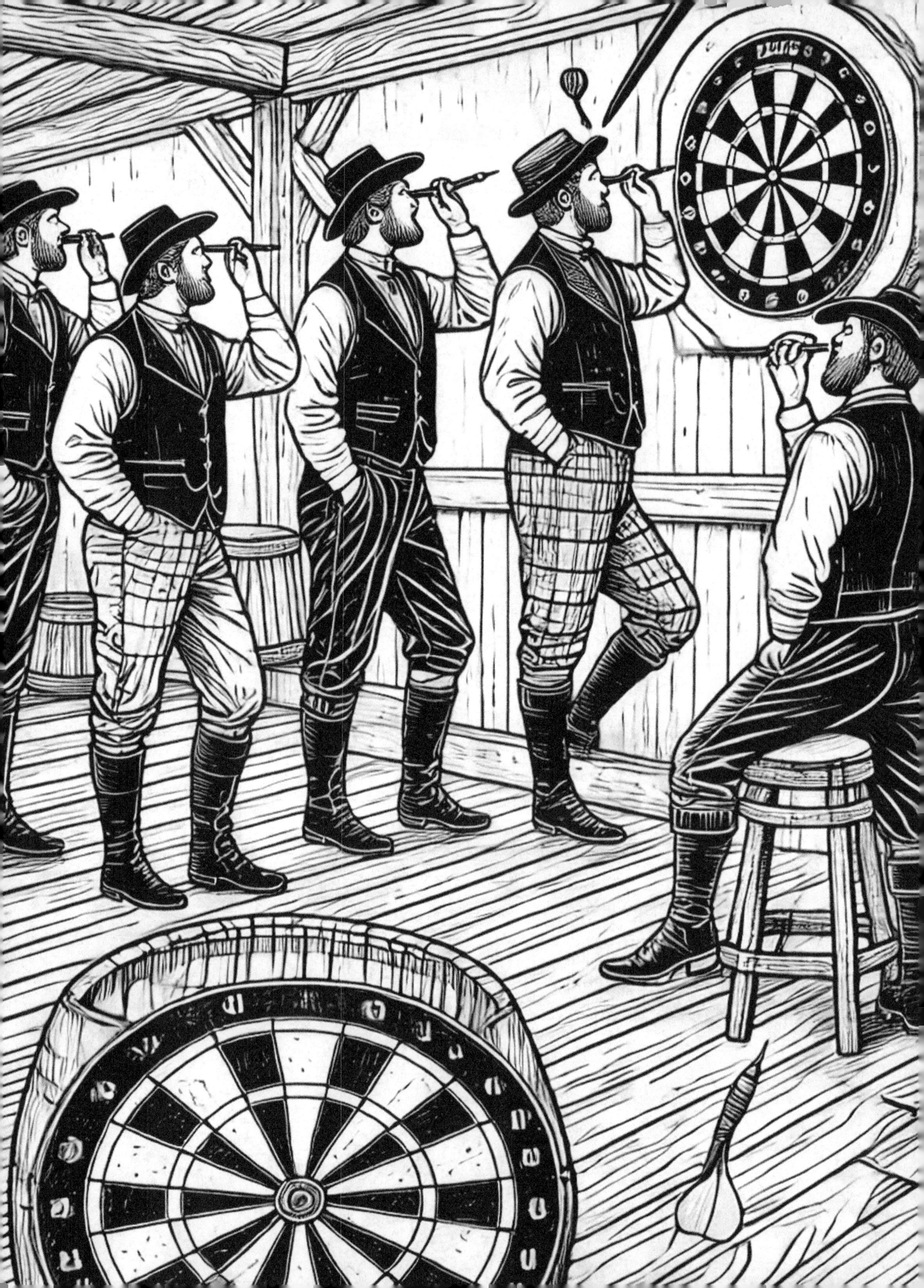

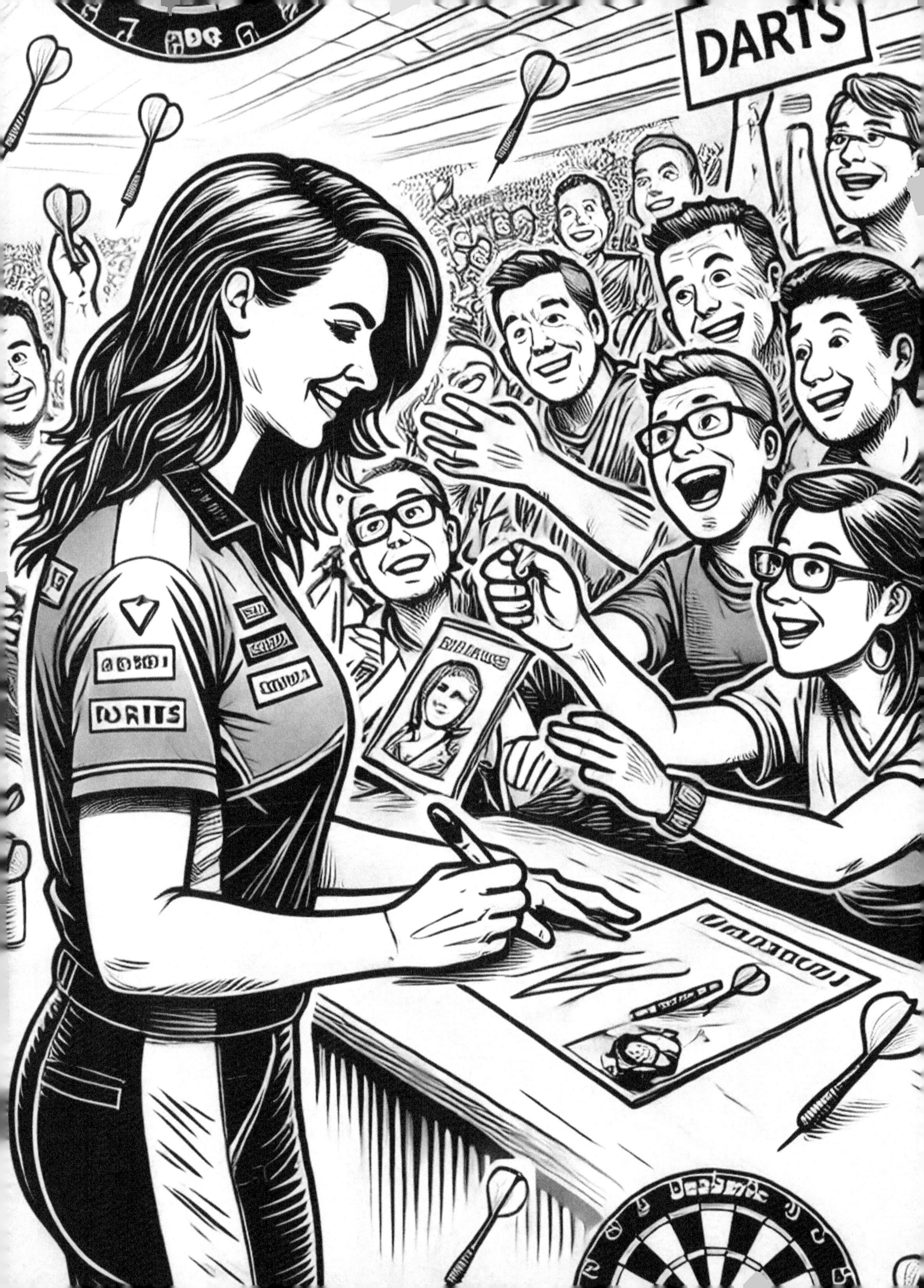
DARTS

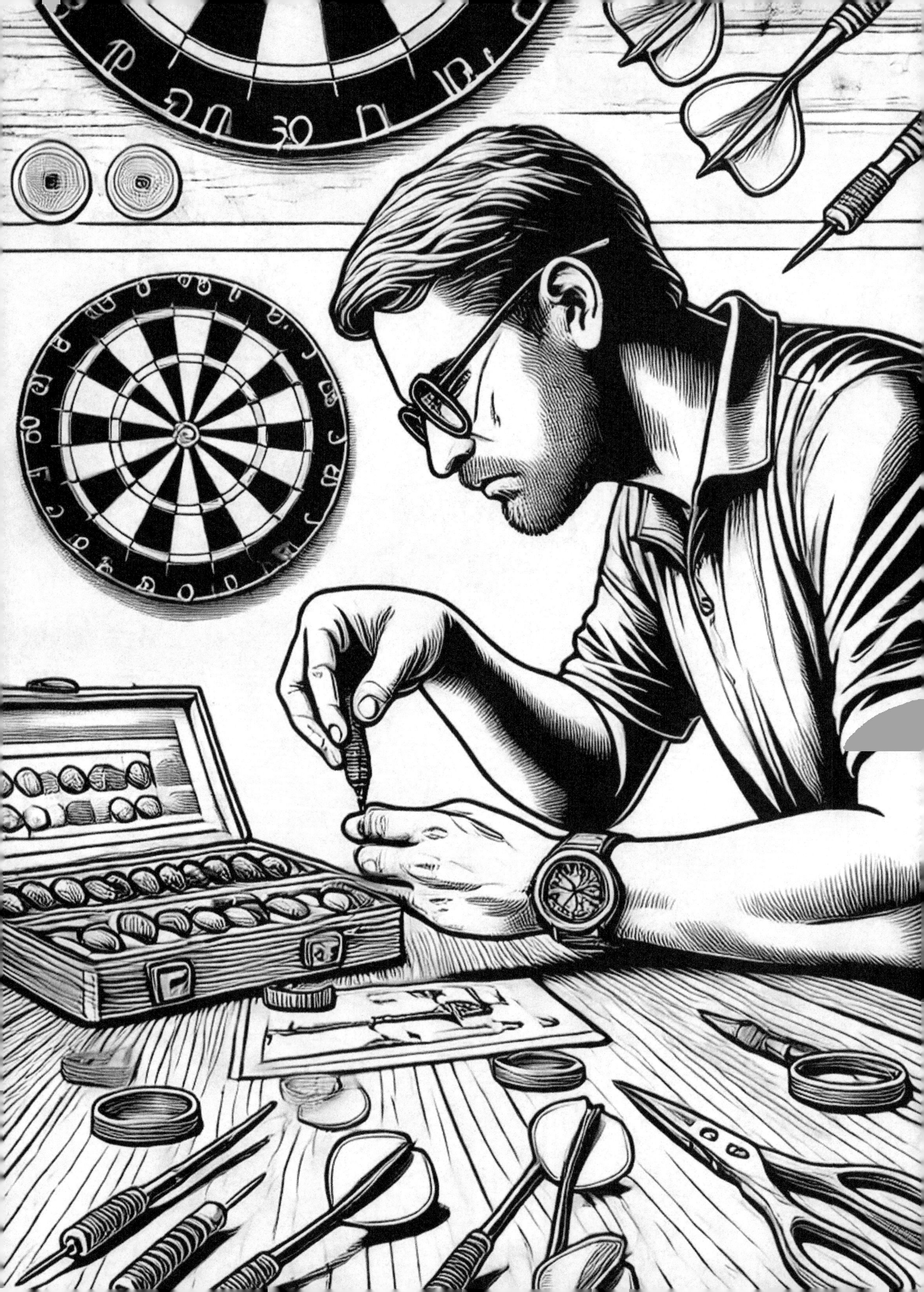

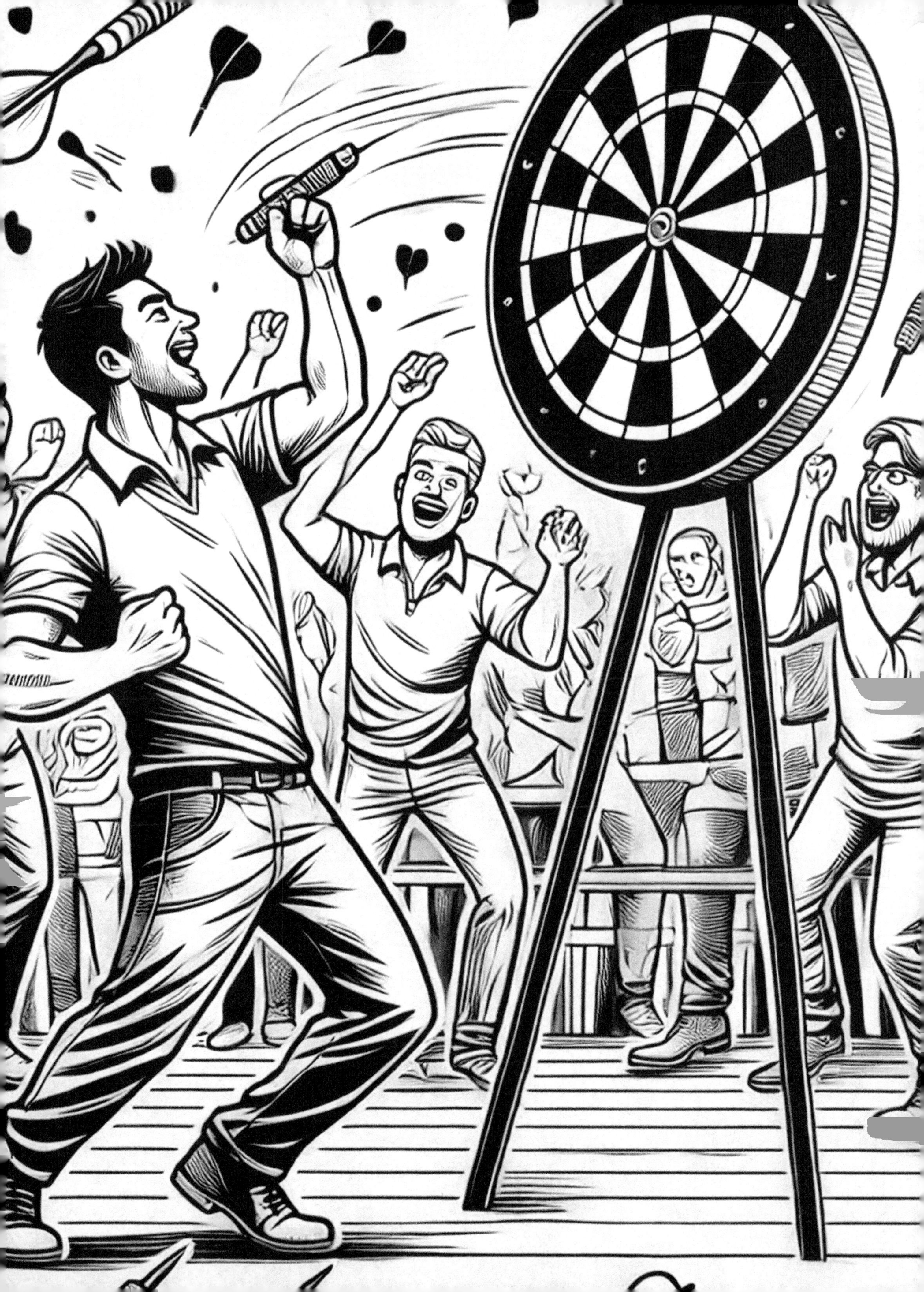

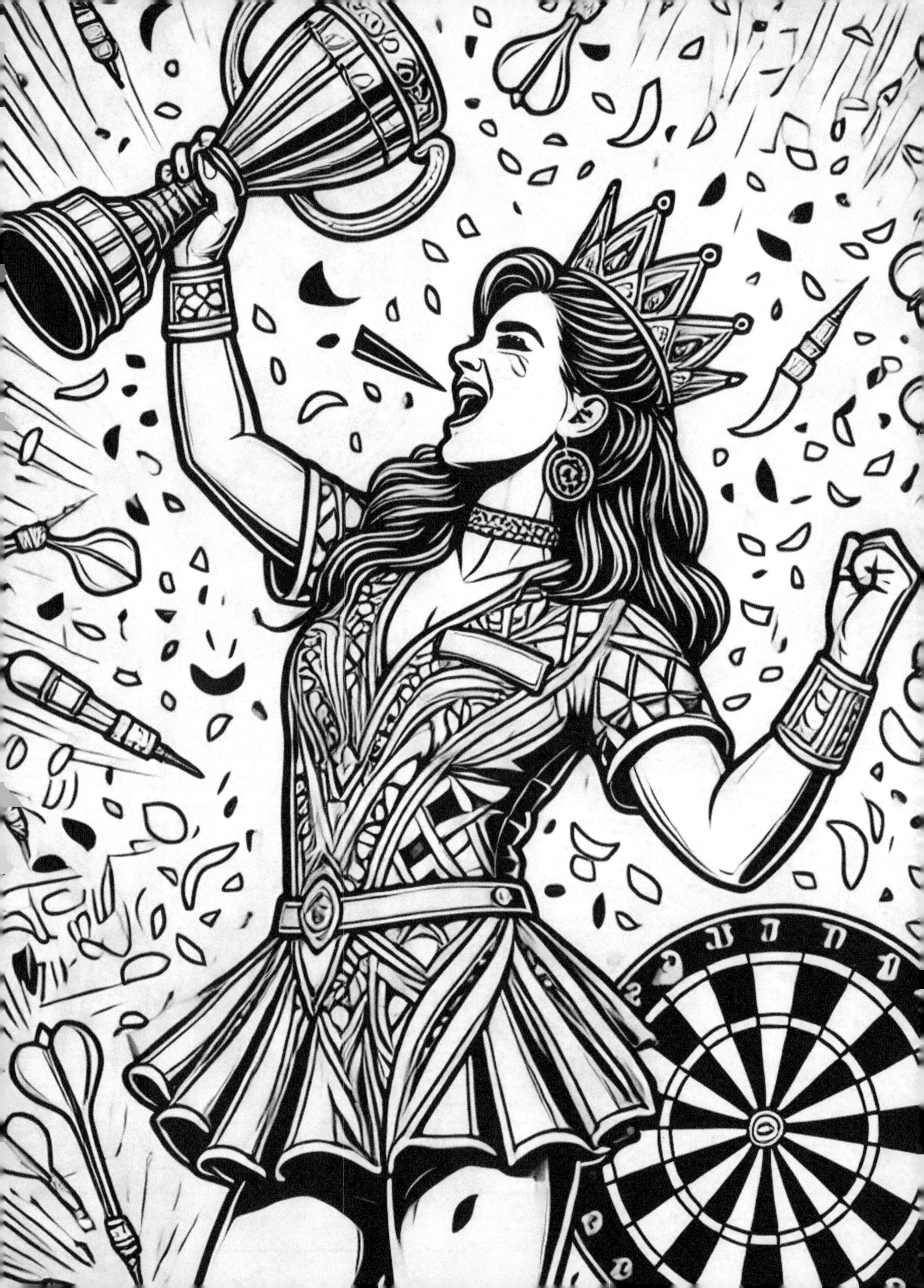

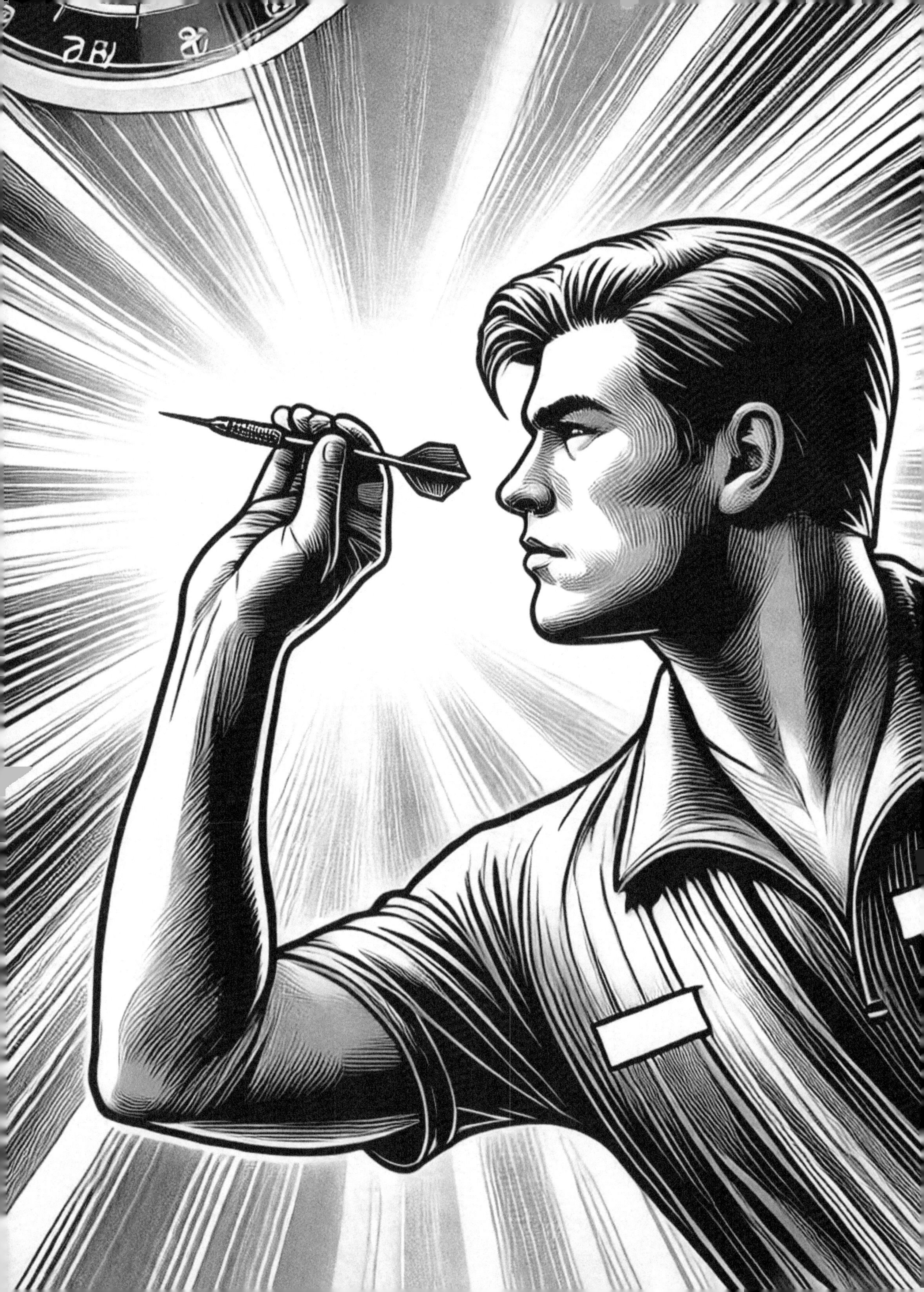

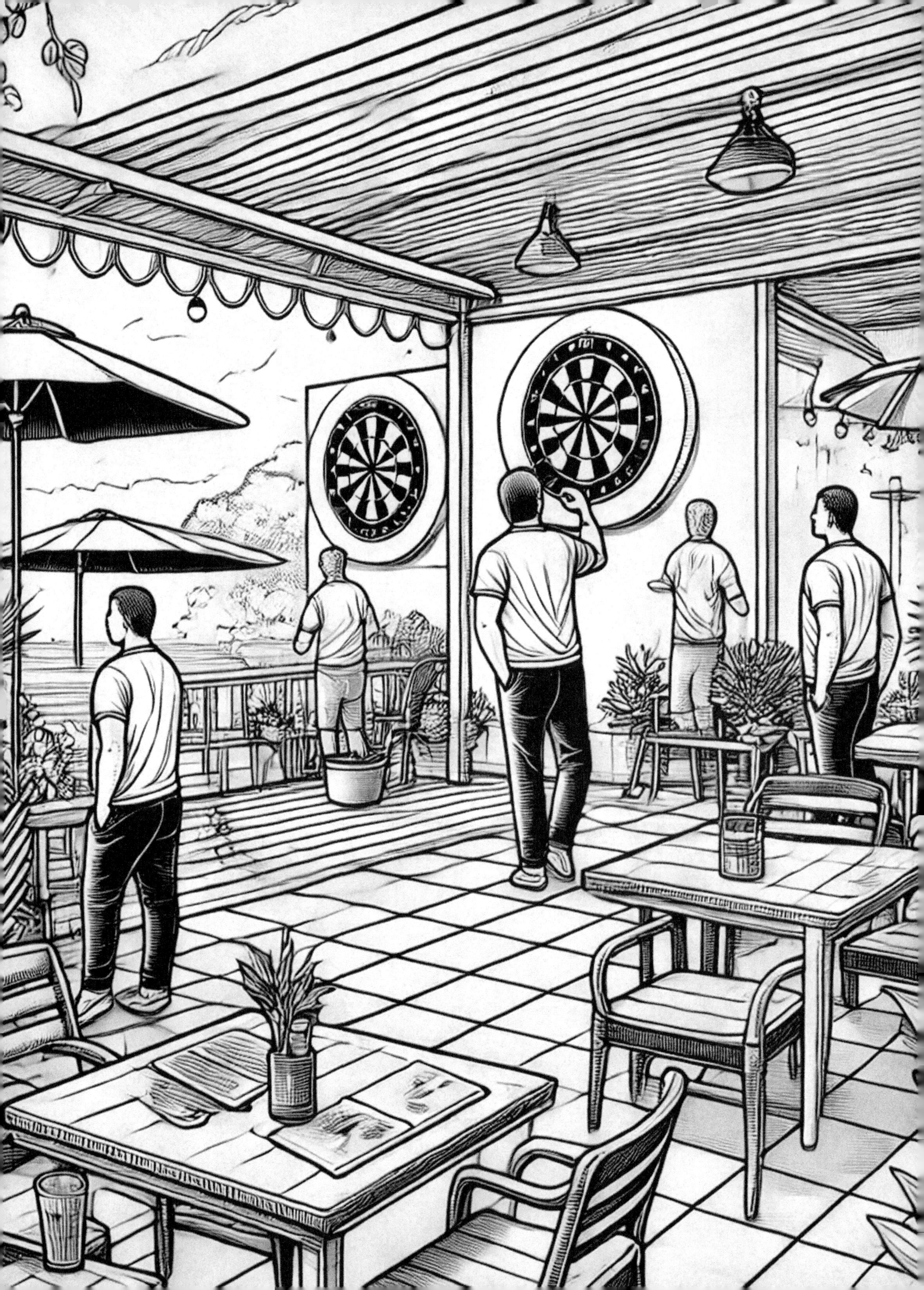

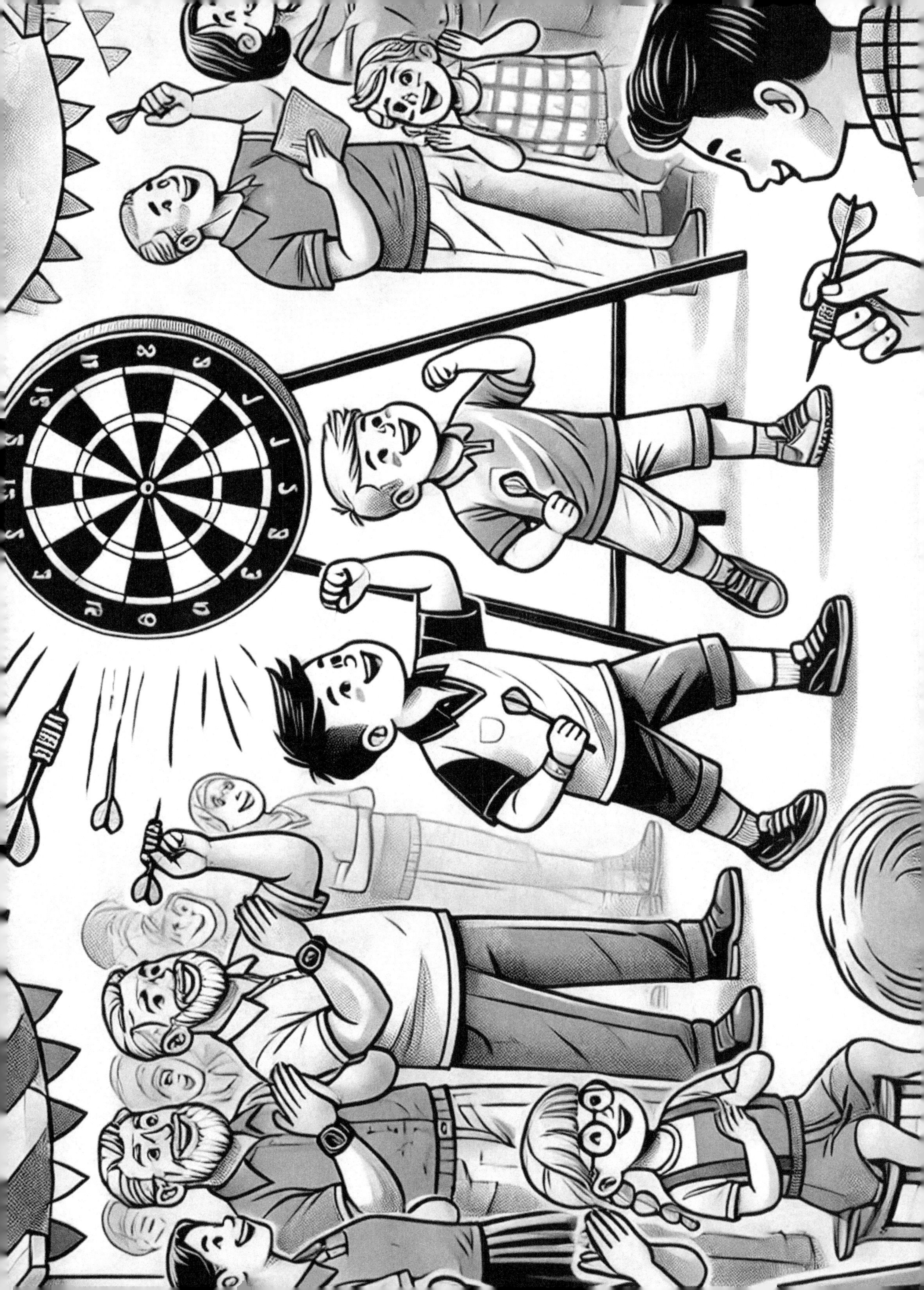

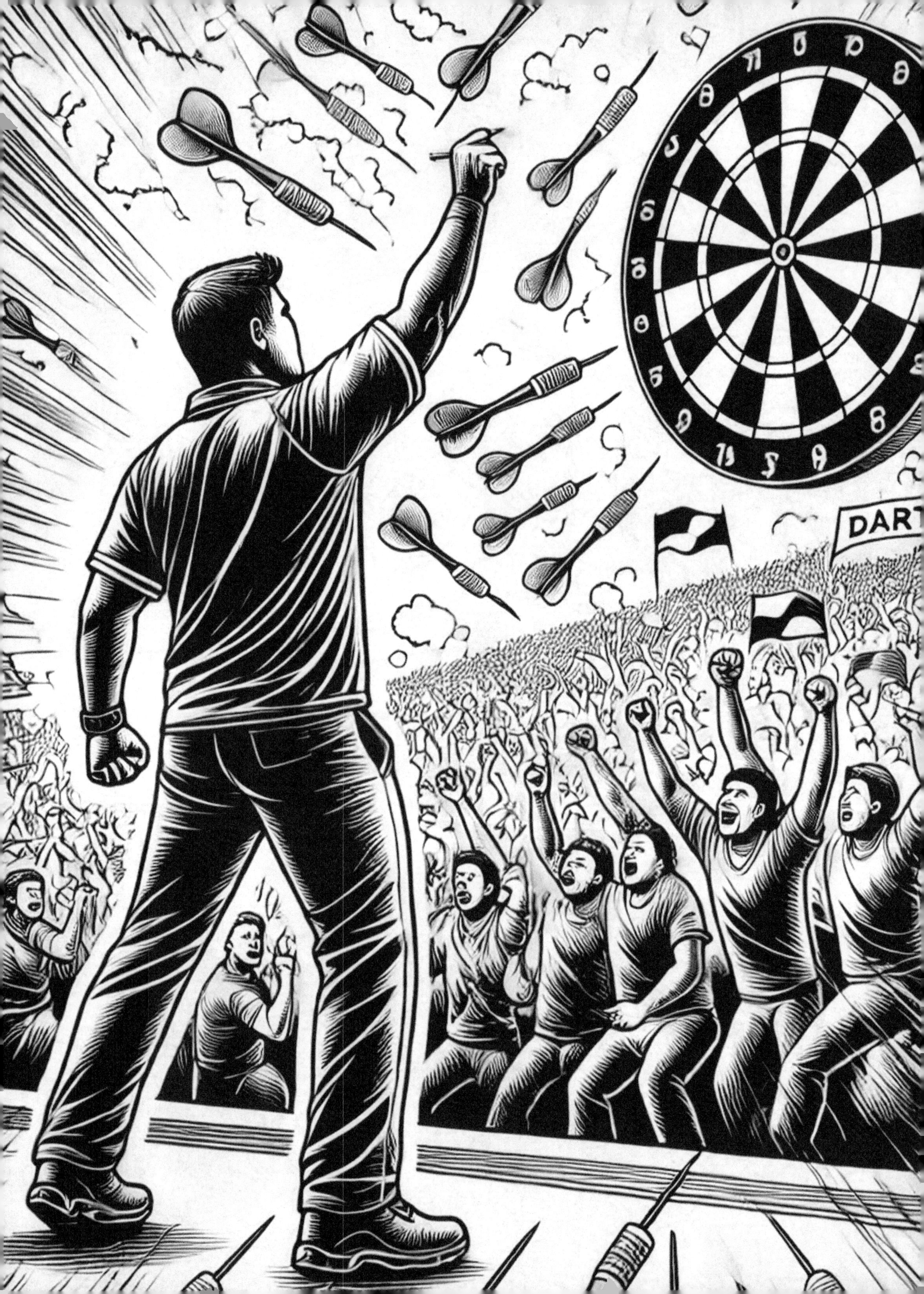
DART

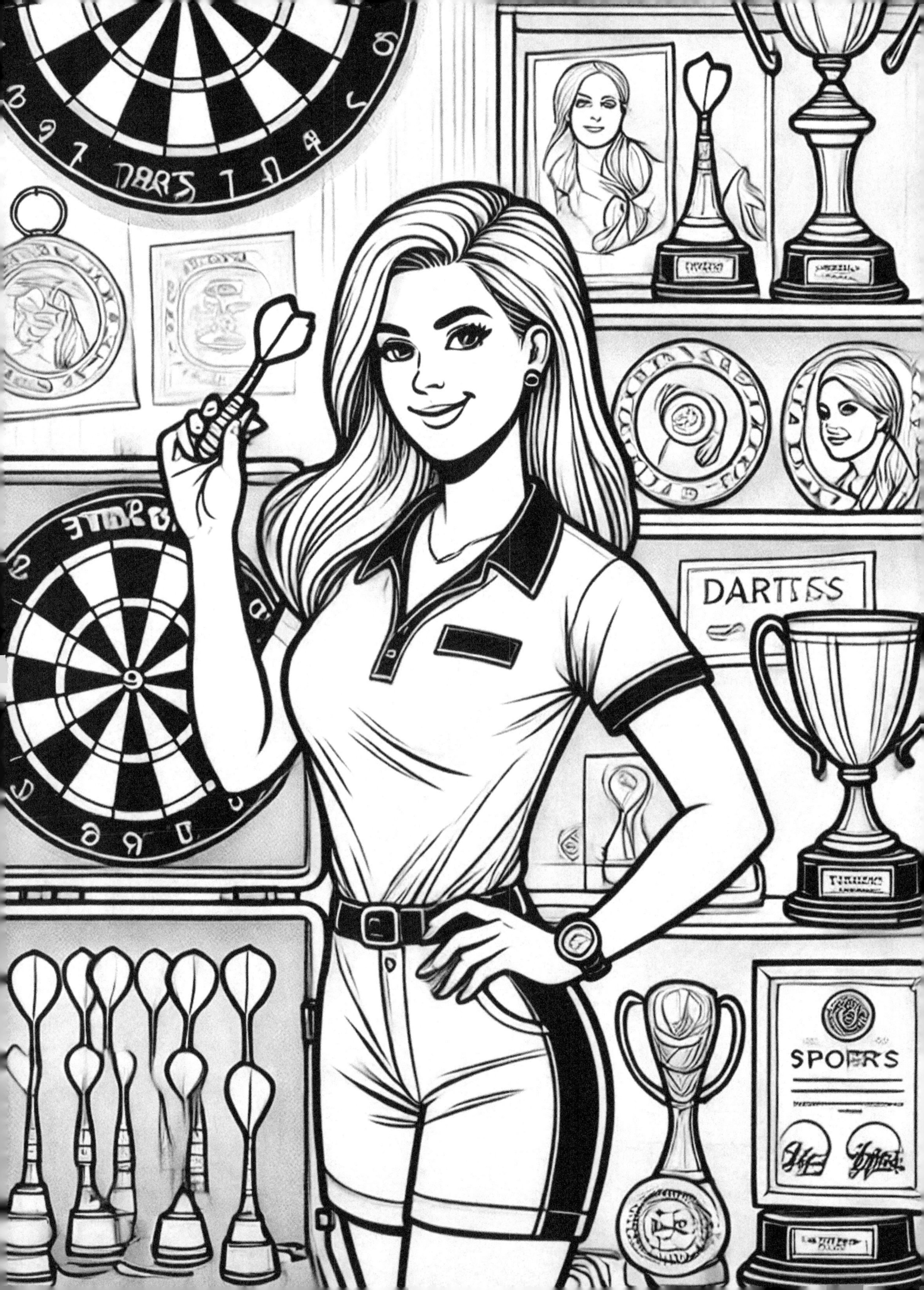
DARTSS
SPOERS

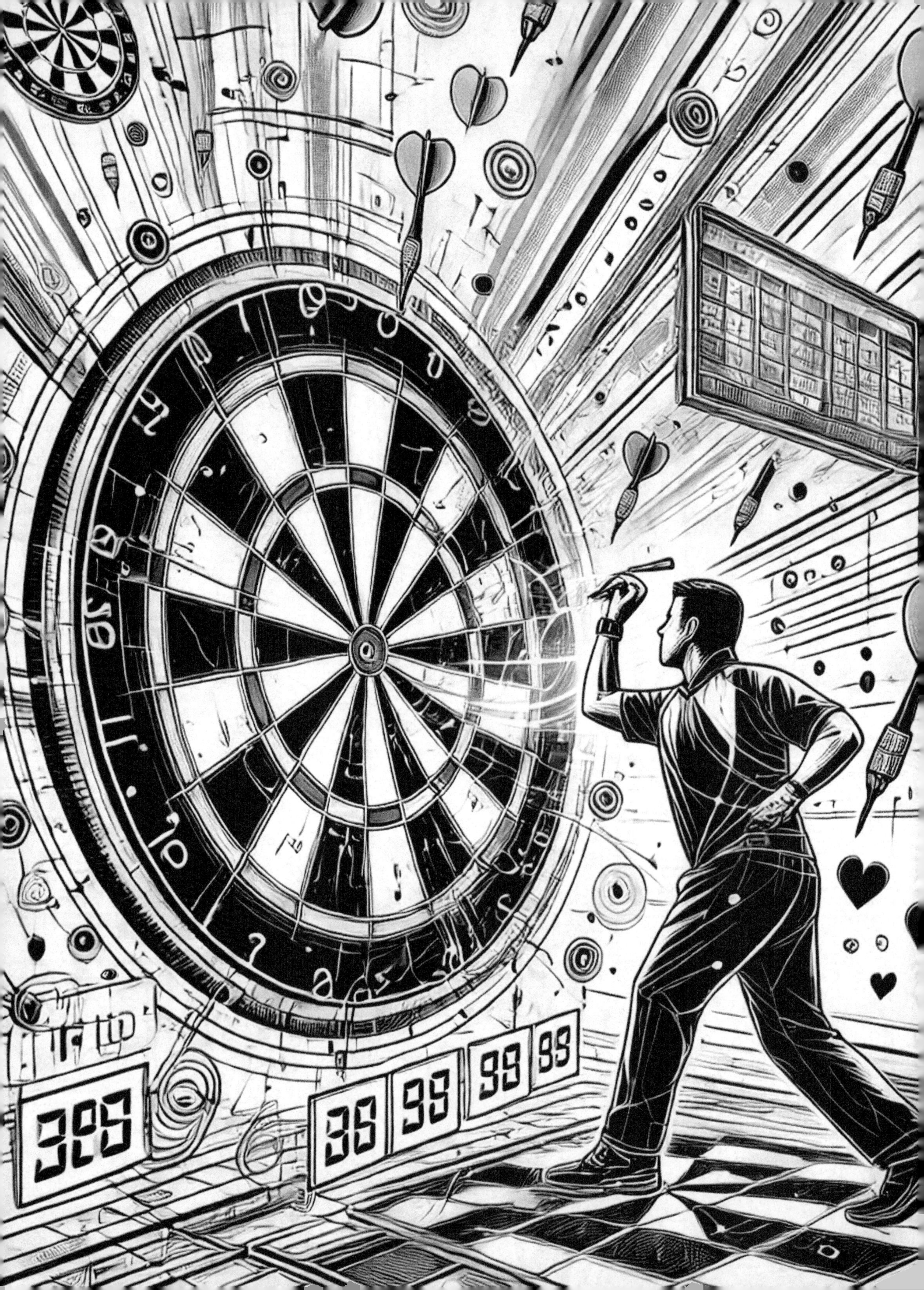

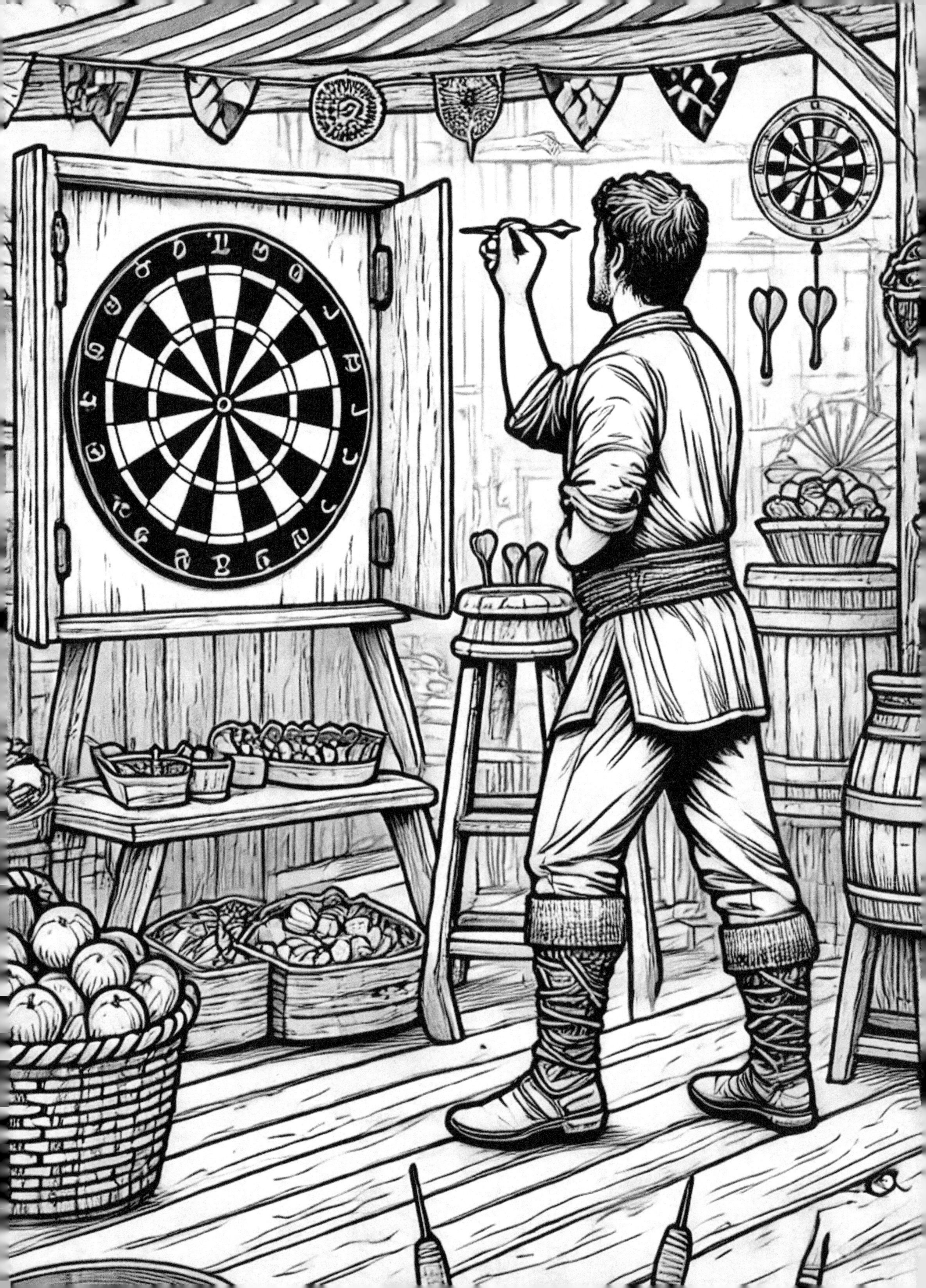

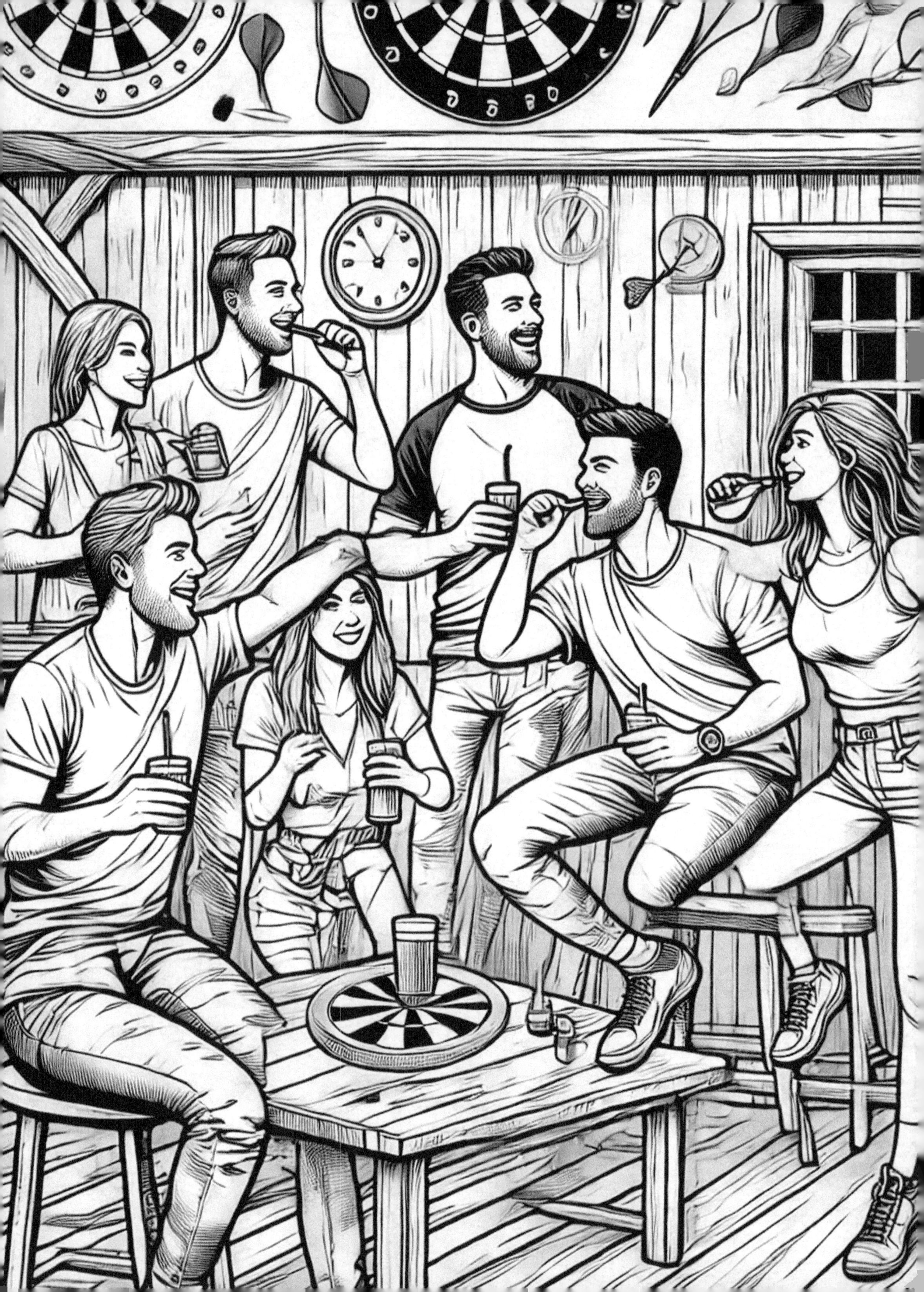

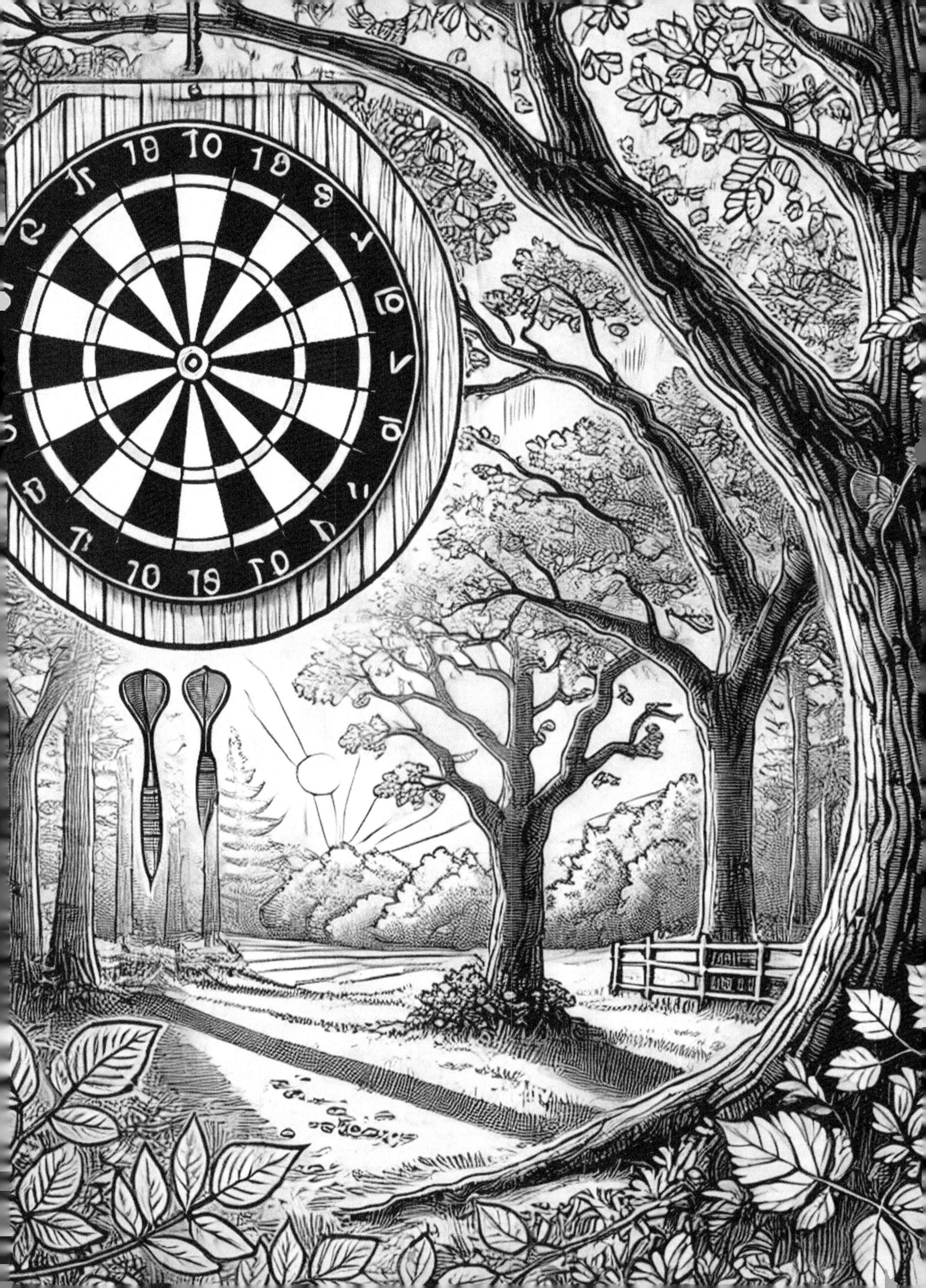

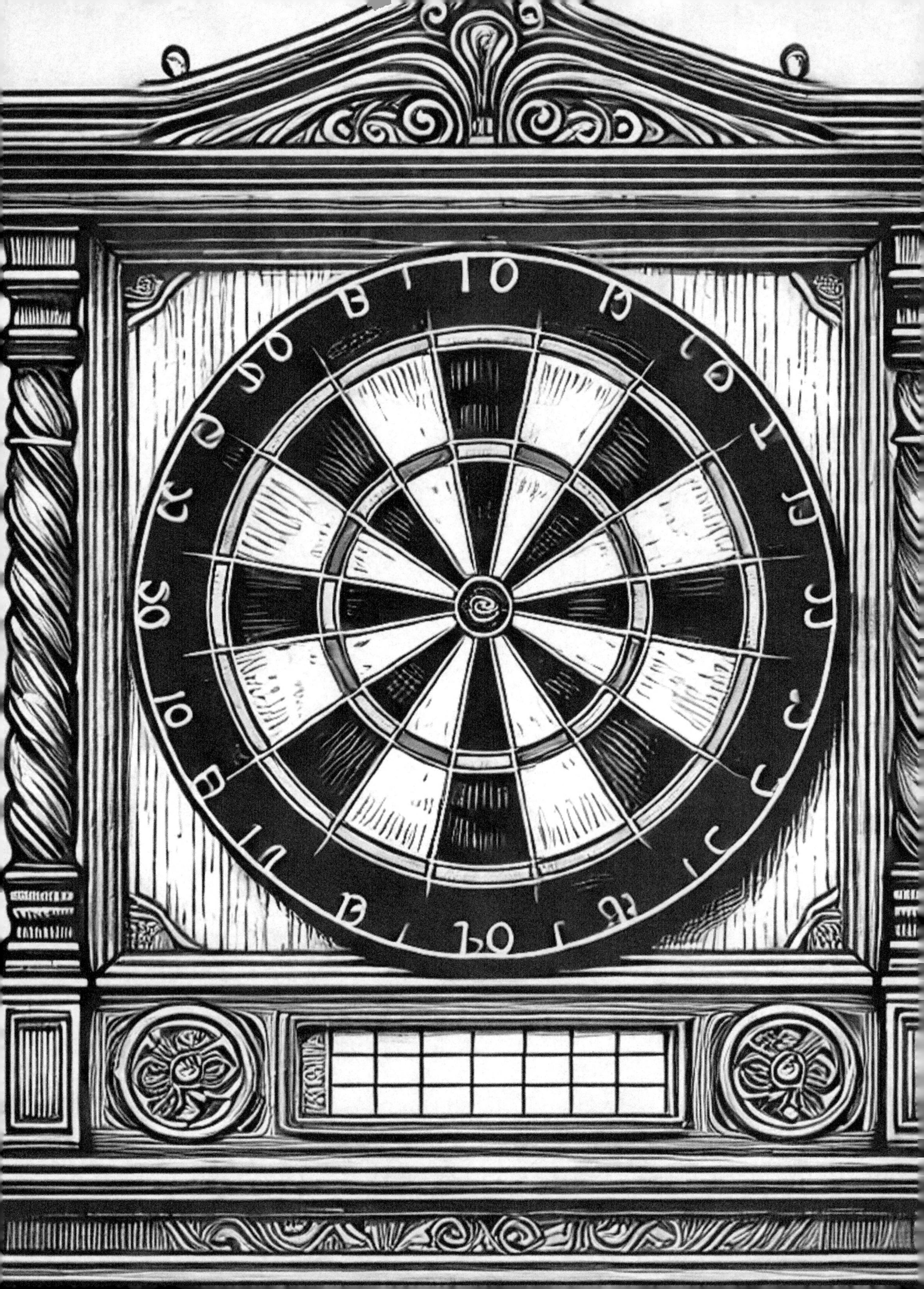

Printed in Dunstable, United Kingdom

65609142R00025